王杉 著

猎齐

春秋战国时期田氏家族的发展史

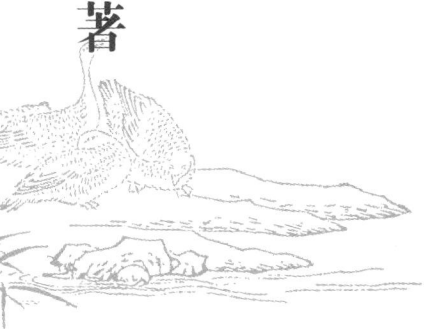

中国出版集团公司
华文出版社

图书在版编目（CIP）数据

猎齐：春秋战国时期田氏家族的发展史 / 王杉著. —— 北京：华文出版社，2022.7

ISBN 978-7-5075-5651-3

Ⅰ．①猎… Ⅱ．①王… Ⅲ．①家族－史料－中国－春秋战国时代 Ⅳ．①K820.9

中国版本图书馆CIP数据核字（2022）第111726号

猎齐：春秋战国时期田氏家族的发展史

作　　者：	王　杉
责任编辑：	南　洋
出版发行：	华文出版社
社　　址：	北京市西城区广外大街305号8区2号楼
邮政编码：	100055
网　　址：	http：//www.hwcbs.cn
电　　话：	总编室 010-58336239　发行部 010-58336253
	责任编辑 010-58336256
经　　销：	新华书店
印　　刷：	三河市航远印刷有限公司
开　　本：	880×1230　1/32
印　　张：	6.125
字　　数：	100千字
版　　次：	2022年7月第1版
印　　次：	2022年7月第1次印刷
标准书号：	ISBN 978-7-5075-5651-3
定　　价：	42.00元

版权所有，侵权必究

目 录

序 章 001
  一、一语成谶 003
  二、涉险过关 006
  三、恰如其分 008

第一章 寄人篱下 011
  一、季札访齐 013
  二、五公子之乱（上）............ 016
  三、五公子之乱（下）............ 018
  四、引火上身 021
  五、一段丑闻 024
  六、齐国世族 026
  七、祸乱再起 028
  八、平阴之战 032
  九、立储风波 035
  十、栾盈奔齐 037
  十一、庄公惨死 040

十二、人臣之义............043

十三、崔杼自尽............045

十四、庆氏之乱（上）............048

十五、庆氏之乱（下）............051

十六、民心所向............055

十七、离间不成............057

十八、功成身退............059

十九、新起点之前的尾声............062

第二章　暗流涌动............065

一、炊鼻之战............067

二、司马穰苴............069

三、鞠躬尽瘁............072

四、晏婴去世............075

五、范、中行氏之乱............077

六、孺子牛............080

七、达成共识............082

八、试探态度............084

九、计略已定............086

十、悼公即位............088

十一、凶相毕露............091

十二、鲍牧被杀............093

十三、杀身之祸……………………… 095
十四、祸不单行……………………… 097
十五、无功而返……………………… 099
十六、艾陵之战（上）……………… 102
十七、艾陵之战（下）……………… 104
十八、新起点之前的尾声…………… 106

第三章 执掌权柄……………………… 109

一、内忧外患………………………… 111
二、阚止和宰予……………………… 113
三、田逆杀人………………………… 115
四、握手言和………………………… 117
五、主动出击………………………… 118
六、田恒逼宫………………………… 120
七、弑杀简公………………………… 122
八、分封制与井田制………………… 124
九、回归楚国………………………… 129
十、白公胜之乱（上）……………… 133
十一、白公胜之乱（中）…………… 135
十二、白公胜之乱（下）…………… 137
十三、陈国灭亡……………………… 139
十四、田恒去世……………………… 142

十五、无力反抗.................................. 145

十六、发明家的实力.......................... 147

十七、云梯.. 149

十八、老友重逢.................................. 151

十九、游说楚王.................................. 153

二十、巅峰对决.................................. 156

二十一、止楚攻宋.............................. 159

二十二、天下大势.............................. 161

二十三、放弃攻越.............................. 163

二十四、新起点之前的尾声............... 165

第四章 田氏代齐.......................... 167

一、田会反叛.................................... 169

二、龙泽之战.................................... 171

三、割地求和.................................... 173

四、再度败北.................................... 175

五、叛乱的真相（上）...................... 177

六、叛乱的真相（下）...................... 180

七、田氏代齐.................................... 182

八、田氏家族.................................... 183

九、新起点之前的尾声...................... 186

序章

一、一语成谶

"先生听说过有关陈完的故事吗？"齐桓公思索了许久，然后把目光投向管仲。

"故事？君上说的是有关他的那段谶言吧？"管仲明白国君的用意便立刻答道。

"看来先生早有耳闻。"齐桓公微微一笑，接着问道，"方才与陈完在大殿上相见，不知您对他印象如何？"

"经邦济世之才，如能重用，必能帮助齐国早日成就霸业。"管仲回答。

"没想到先生对他的评价如此之高，但从刚才的表现来看，他并不愿意显露锋芒，只想在齐国安稳度过一生。"桓公说到此处皱了一下眉头。

"或许陈完也是在担心那段谶言，"管仲看了看桓公，稍稍停顿了一下，然后接着说道，"毕竟他也无法判断君上对此是否有所顾忌。"

桓公听罢，点了点头，接着问道："先生如何看待此事？"

"君上一生致力于霸业，爱慕贤才的名声尽人皆知，想必他也是因此才投奔到齐国。但若是接受君上的好意在齐国担任要职，将来必定会有人拿着谶言做文章，为了不陷入朝堂纷争，陈完如此选择也在情理之中。"管仲回答。

齐桓公听完，没有说话，而是陷入了沉思。

"看君上若有所思，是遗憾不能重用陈完呢，还是在担忧陈完的后代真如谶言所说取代齐国呢？"管仲看桓公沉默不语，直接一针见血地问道。

被管仲这么一问，桓公突然站起身来，略加思考后毫不避讳地说道："恐怕是兼而有之吧。"

"君上准备怎么办？"管仲询问道。

齐桓公看了看管仲，紧缩的眉头突然舒展开来，然后平静地说道："既然他不想与寡人一起成就霸业，就由他去吧。至于将来如何，就让寡人和他的后代们去解决吧。"说罢便昂首走出了大殿。

陈完，陈国国君陈厉公之子。刚才齐桓公和管仲反复提到的谶言是怎么一回事呢？

当初，还在陈完年少的时候，有一天，周天子的太史路过陈国，陈厉公请他为儿子占上一卦。看到占卜结果,太史对厉公说:"他恐怕是要享有国家了。不过不是在陈国,是在别的国家。而且也不是他本人,而是他的子孙。"

厉公听完大吃一惊,一时不知道该说什么好。

太史接着说:"如果是在别国,必定是姜姓之国,等陈国衰亡的时候,他的后代就会昌盛了。"

陈完长大成人之后,陈国的大夫懿氏(《史记》中记载懿氏为齐国大夫)想把自己的女儿嫁给他,于是私下给他占卜了一卦,结果跟上一次惊人的一致,而且更加具体地指出,陈完的五世孙将在姜姓之国成为执政者,而到八世孙之后,无人能与其争强。

或许是这两段相似的占卜内容听起来太过离奇,知晓此事的人一直以来也并不在意。可就在人们慢慢淡忘它的时候,一件事情的发生,让大家再次回忆起涉及陈完的这段预言。公元前672年,时任陈国国君的宣公(陈厉公的弟弟,陈完的叔叔)打算立公子款为继承人,为了替他铺平道路杀掉了当时的太子御寇,陈完与御寇素来交好,因为怕引火上身主动投奔到了齐国。或许他本人对这次出逃并没有思虑过多,毕竟齐桓公爱惜贤才的名声已经举世皆知,这样的选择合情合理。但也正是这个看起来顺理成章的决定,让预言中陈国公子扎根姜姓诸侯国的前提成为了事实。自此,这段尘封已久的谶言正式启动了。

二、涉险过关

和齐桓公的会面结束之后，陈完一言不发，出了大殿便急匆匆地向宫门外走去，在殿外等候的随从即使加快了步伐，也完全跟不上他。直到坐上马车，陈完用衣袖擦了擦头上的汗，才长长地出了一口气。刚刚追过来的随从站在马车旁边，气喘吁吁地向他问道：

"齐君任命公子为卿，显然是想让您助他一臂之力，这是羡煞旁人的好事儿，公子为何执意推辞？"

陈完没有直接回答，而是等呼吸的节奏逐渐平静下来后，才缓缓说道："一个在本国也没有受到什么重视的公子前往齐国避难，寸功未立的他竟然能和齐国的贤相管仲平起平坐，这样的事情听起来不觉得奇怪吗？"

随从听后并没有立刻明白，思索了一会儿才恍然大悟道："听公子这么一说确实有些奇怪，难道齐君是知道了和您有关的谶言，特意试探您的吗？"

"这种可能性非常大。虽然出奔齐国的确只是为了寻求一处栖息之所，但齐君却未必相信这套说辞，"陈完点了点头，接着说道，"今天这一关虽然侥幸得过，但接下来的一关恐怕就没那么容易了。"

"接下来的一关?"随从吃惊的问道。

"今日被任命为工正(掌管百工,其爵位为大夫),依照礼法还需宴请答谢,"说到此处,陈完不禁皱起了眉头,然后意味深长地说道,"而这场宴会才是真正的考验。"

"公子可以跟往常在陈国一样,在宴会上畅谈天下大事,针砭时弊,从而展现您的治国之才?"随从说道。

"不行,这样会让人觉得我野心勃勃。"陈完立刻否定了这个提议。

"既然公子这么怕露出锋芒,可以闭口不谈天下大事,只和齐君一醉方休?"随从又提议道。

"这样也不行,太刻意的掩盖反而会让对方觉得我图谋不轨。"陈完摇了摇头,陷入到沉思当中。

面对这样两难的困境,随从们也不知道该说什么好,于是一行人就在沉默中回到了府邸。

几天之后,陈完来到齐国的第一次宴请正式举行了。齐桓公在宴会上依旧随性洒脱,虽然问题问得不拘一格,但陈完的应对十分得体,整个过程看起来都毫无纰漏。眼看天色已晚,宴会已经进入尾声的时候,齐桓公突然一把拉住陈完,对他说道:"寡人正值酒酣,还未尽兴,公子速速命人掌灯,你我君臣二人继续畅饮。"

陈完先是一惊,稍作思考便说道:"饮酒是礼仪的一部分,白天与君上对饮是为了完成礼仪,但如果晚上与君上纵情豪饮就是违背礼仪,臣一生都奉礼仪为处世准则,恐怕无法满足君上的要求了。"

齐桓公听后忽然严肃起来,一边盯着他一边缓缓地说道:"公子的话着实有点扫兴。"

听到国君这么说,现场的气氛一下子紧张起来,人们的目光同时转向了陈完。陈完没有做过多的解释,只是立刻起身施礼,然后一言不发地站在那里。

看到对方这样,齐桓公突然哈哈一笑,站起身来说道:"既然如此,寡人就不为难公子了。"

听到齐桓公亲口说出来的这句话,陈完一直悬着的心终于落地了。

三、恰如其分

宴会上,陈完和齐桓公既没有畅谈天下大事,也没有一言不发只顾豪饮,为什么只是一次看似普通的劝诫,就让齐桓公满意地离开了呢?是因为陈完的话虽然跟酒有关系,但其目的却是"醉翁之意不在酒",既不是为了提醒对方保重身体,也不是为了说明醉酒会耽误朝政,而是告诉齐桓公深夜伴君饮酒这样的行为违背礼仪。陈完如此表达，只是为了凸显出自己是一个重视礼仪、注重规矩的人，既然到了齐国，就一定会恪尽职守，绝不会有非分之想。

接下来，我们再从齐桓公的角度去分析一下这件事。可以肯定的是，这位伟大的君主完全理解了对方的意图。但仅仅是因为陈完恰到好处的表达，就能彻底打消他的疑虑了吗？答案当然是否定的。

齐桓公当年和公子纠争夺国君之位，若不是得到了国、高两大家族的支持，恐怕也不会那么顺利。因此，对权臣既要提防、又要拉拢的困局，让任何一位君主都头疼不已。齐桓公的忧虑是针对每一位可能威胁到君权的大臣，这其中不仅包括在齐国盘踞多年的大贵族，也包括在齐国毫无根基，但却执掌权柄的管仲、鲍叔牙，甚至还包括将来可能会威胁齐国的陈完。但此时的齐国还没有称霸天下，招揽各国的贤才是齐桓公实现霸业的基础，为了将自己重视人才的美名远播，无论如何他都不会为难陈完的。

剧情进行到这里，齐桓公和陈完的故事就结束了。我在上一本书《解晋》的结尾曾经提到过，下一本书会从一些家族、群体、著名人物入手开展新的故事。如果看过我的《解晋》一书，可能会了解到晋国的灭亡是由于大家族的瓜分。但是这些大家族为什么能够威胁君权，而且他们到底是怎么发展的，我以往的书中还没有详细讲到。因此，思虑了很久，我的新书最终选定了齐国陈氏，也就是田氏家族，想通过描述它发展的过程和诸位一起探讨一下春秋末期世家大族执掌一国权柄的现象以及隐藏在背后的原因。

由于"陈"和"田"在古代读音相似，因此陈完又叫田完，他的后代又称"田氏"。陈完去世之后，接下来的两位继任者田稚和田湣都默默无闻，直到第四任宗主田须无（又称田文子）继任，田氏一族才开始在史书中频繁出现。既然当时的谶言说的是"五世其昌，并于正卿"，那么我们就从田氏家族的第五任宗主田无宇（又称田桓子）为起点，正式拉开田氏家族兴衰史的序幕吧。

接下来要叙述的这个故事，就是《解晋》里面讲到过的"季札观乐"。只不过现在需要站在齐国的角度重新看一看公子季札的这次出访。

第一章

寄人篱下

一、季札访齐

宴会刚一结束,晏婴就立刻留住了公子季札并且向他问道:"方才与公子相谈甚欢,但又隐约觉得您有话想对我说,可否请公子赐教?"

公子季札犹豫了一下,接着反问晏婴道:"我有一事不明,想请教一下先生,为什么您会如此看好齐国?"

晏婴愣了一下,因为在他看来这个问题的答案是显而易见的,于是说道:"自从先君桓公成就霸业之后,齐国的实力不断下滑,这其中有两个重要的原因,一个是内忧,另一个是外患。而目前的齐国,内部刚刚经历过崔氏和庆氏的两次动乱,局势已趋于稳定。外部环境方面,晋楚双方以及中原诸国签订了弭兵之盟,可以说天下太平。如今,既无内忧又无外患,齐国的崛起也只是时间的问题。"

公子季札听完点了点头,接着说道:"先生认为只是刚刚经历过内乱,内忧就不复存在了吗?"

晏婴听罢心中一惊，因为他突然意识到，发生内乱的根本问题并没有得到解决，沉默了片刻之后，他怅然若失地说道："齐国内乱的原因是世家大族权倾朝野，互相争斗。虽然崔氏、庆氏已被剿灭，但还会有新的家族出来替代他们，然后再被剿灭。如此循环往复，齐国再难安宁。"

"若齐国遭遇强大的敌人，各大家族还能一致对外。可此时，晋楚两国以及各自的盟友突然宣布停战，和平的外部环境反而会加速齐国的内部争斗。在我看来，目前齐国不仅无法走上崛起之路，而且新的内乱也会很快到来。"公子季札见晏婴已经发现了问题所在，便说出刚才一直没有说出的话。

"如果内乱再次发生，势必会掀起轩然大波，晏氏一族一旦卷入其中，恐怕凶多吉少。"晏婴有些担心自己的家族。

"这个问题先生倒是不必担心。"公子季札说道。

"公子请讲？"晏婴急切地问道。

"世家大族之间争斗为的是什么？无外乎官爵和土地。先生把这些让出来不就行了？"

晏婴听完愣了片刻，紧绷的神经又逐渐松弛了下来。

"其实方法很简单，但是纵观整个齐国，除了您恐怕没人能做得到，"公子季札接着说，"因此，晏氏一族必定无忧。"

"找一个辞官的理由并非难事,可贸然上交土地,恐怕会引起不必要的麻烦。"晏婴一边思索一边说。

"把土地交给田氏的宗主田无宇吧,让他帮先生去处理。"公子季札说。

"公子为什么选择田无宇?是因为他能力出众吗?"晏婴不解地问道。

公子季札微微一笑,缓缓地说道:"因为田氏家族必然会成为最后的胜利者。"

公子季札,吴王寿梦的第四子,他的三位兄长分别是大哥诸樊,二哥余祭,三哥夷末(亦称余昧)。从学识和能力的角度来讲,公子季札在四个人中间无疑是出类拔萃的,因此,成为下一任吴王也是众望所归。但他本人却对君位不感兴趣,经过一番坚决的推辞,他的大哥诸樊继承了王位。

公元前544年,为了扩大吴国的影响力,公子季札率领使团周游列国,北上的第一站便是鲁国。这次出访中,公子季札在以周文化传承者自居的鲁国畅谈音乐,让鲁国的众卿自愧不如。第二站,他来到了齐国,并且为大名鼎鼎的晏婴指点迷津。

众所周知,作为春秋首霸的齐桓公把齐国推向了巅峰，公子陈完是在他的任期内到达了齐国，目睹了齐国不断崛起并且称霸天下的全部过程。齐桓公死后的一百多年里，到底发生了什么导致齐国由盛转衰？晏婴和公子季札提到的内乱又是怎么回事呢？接下来，我就给大家详细地梳理一下。

二、五公子之乱（上）

公子昭是齐桓公在执政末年亲自指定的接班人，但在当时，不少颇有野心的公子并不打算接受这样的安排，不甘心对公子昭俯首称臣的他们便暗中拉拢权臣，图谋篡位。其中最有影响力的一共有五位公子，分别是公子无诡（又称公子无亏）、公子元、公子潘、公子商人、公子雍。

公元前643年，齐桓公撒手人寰，著名的奸臣易牙和竖刁立刻发动叛乱，拥立公子无诡。公子昭对这场突如其来的政变毫无防备，无奈之下只能仓皇出逃到宋国，时任国君的宋襄公由于之前和齐桓公有约定，于是立即联合卫、曹、邾三国军队前往齐国平叛，最终，公子无诡、竖刁、易牙一党被剿灭，公子昭夺回了属于自己的君位，史称"齐孝公"。但是，这位新任国君还没来得及将君位坐稳，麻烦就又找上门来。虽然公子无诡及其党羽被剿灭了，但公子元、公子潘、公子商人、公子雍四人还在，他们私下经过一番商议，最终达成了共识，既然事情已经发展到了这一步，不如趁机一起反了。于是，整个齐国公室又陷入到一片混乱当中，和上次一样的是，齐孝公力不能敌，再次出逃到宋国。相信此时的宋襄公一定被弄得哭笑不得，但既然当初答应了齐桓公，只能硬着头皮把事情做到底。于是刚刚班师回朝的宋国大军再次进入齐国。这一次，又是宋襄公大胜，齐孝公再次夺回了属于自己的国君之位。

齐孝公执政的时间一共有十年，在此期间，楚成王在泓水之战中击败了宋襄公进而威慑中原诸国，而曾经作为群雄领袖的齐国失去了往日的风采，对于楚国的肆意征伐只能作壁上观。公元前633年，齐孝公去世，刚刚得以喘息的齐国内部再次发生了动乱。当年，宋襄公第二次率军进入齐国平叛虽然大获全胜，但齐孝公为了稳定局势，并没有将叛乱的四位公子赶尽杀绝，此举在当时看来是一个明智的选择，但也给自己的身后留下了隐患，孝公的儿子还没来得及举行即位仪式，便被公子潘派人刺杀。接下来，公子潘顺理成章地成为齐国的新任国君，史称"齐昭公"。

齐昭公在位一共十九年，在这一段相对较长的时间里，齐国的内部日趋稳定，国力也有所恢复，但面对在城濮之战中击败楚国、一跃成为新任霸主的晋国,除了主动结盟寻求庇护之外别无他法。至于曾经的霸业,如今却成为永远也无法实现的奢望。即便如此,相对稳定的局面也没有维持太久,公元前613年,齐昭公去世,他的儿子太子舍继承君位。就在此时,动乱再次发生了。

三、五公子之乱(下)

　　昭公在位的这二十年,齐国朝堂之上虽然日趋平静,但背地里却暗流涌动,五公子之一的公子商人看着当初和自己处在同一起跑线上的公子无诡和公子潘先后夺取了君位,心中既羡慕又不甘。但此时的齐昭公已经将君权牢牢地掌握在自己的手中,贸然出击一定会惨遭失败。于是,他只能不断地在暗中积蓄力量,一方面结交权贵,招揽贤士,另一方面收买人心,使自己在民众中的威望日益提高。

　　齐昭公死后,他的儿子太子舍即位。由于太子舍的母亲不受宠爱,所以这位齐国的新君在继任之初并没有强有力的外戚为他保驾护航,因此在群臣中还没有足够的话语权。从齐桓公去世至今已经三十年了,多次与君位失之交臂的公子商人无论如何也不想错过这次机会了,经过一番精心的准备,他率领众多党羽在齐昭公的墓前弑杀了新君，然后自立，史称"齐懿公"。或许是他隐忍的时间太久，懿公即位之后就立刻撕下以往"贤公子"的标签，刚愎自用，为人骄横。但也正是因为他如此任性地放飞自我，给自己埋下了祸根。

一天，齐懿公与众人一同前往申池（今山东省淄博市西）游玩。随行的两位大臣邴歜、阎职闲暇之余相约在池中洗澡。他们平日里关系不错，于是互相开着玩笑。可能阎职哪句话有些令人不快，于是邴歜拿起马鞭打了对方一下，但这一下却把阎职给打火了。邴歜可能也没想到对方反应会这么大，便随口说道："别人把你妻子抢走了你都能忍，我打你一下你干吗发这么大火？"阎职一听自己不堪回首的往事被再次提起，便立刻回敬了邴歜一句："你还有脸嘲笑我？别人把你父亲的双脚给砍了，你不也得忍着？"话说到这个份上，刚才愉快的气氛荡然无存，两个人都沉默了。

这是怎么一回事儿呢？原来，他们口中的"别人"便是齐懿公，当年他还是公子的时候，曾经和邴歜的父亲争夺田地，但没有成功。后来懿公即位，邴歜的父亲虽然已死，可怀恨在心的齐懿公并不打算善罢甘休，派人将邴歜父亲的尸体挖出来并且砍去了双脚。这件事情过去没多久，齐懿公在一次偶然的机会中遇到了阎职的妻子，由于迷恋她的美貌，便找了个机会将其抢回到宫中。更令人无法忍受的是，他居然还任命阎职为骖乘，时常伴随自己左右，本来就窝火的阎职还得整天面对这位夺走自己妻子的国君，心中的愤恨可想而知。

两人一边回忆着不堪回首的往事，一边握紧了拳头，没过多久邴歜打破了沉默："每晚想到自己所遭受的屈辱，我都无法安然入睡，想必你也是如此吧？"

"这样的日子实在是难以为继，杀他的念头每天都会出现。"阎职完全压不住心头的怒火。

邴歜接着说道："现在机会来了，哪怕是死，我也不想这样苟且地活着了。"

阎职听后，坚定地点了点头，便和邴歜一起开始谋划这次弑君的行动。

第二天，邴、阎二人提议和国君共乘一车去竹林中游玩，懿公听罢欣然应允。由于邴歜和阎职是他的近臣，并没有人对他俩的异常举动产生过怀疑。但到了竹林之后，邴歜突然加快了车速，坐在车上的齐懿公心里有些不安，正准备斥责的时候，突然看到身旁的阎职满脸怒容，手持一把短剑向自己刺了过来。

公元前609年，继任刚刚四年的齐懿公惨死在竹林中，但他的暴毙并没有换来人们的同情，由于他担任国君之时的拙劣表现，齐国的世家大族甚至联合起来剥夺了他儿子的继承权。接下来，在卫国避难的五公子之一的公子元归国继承君位，史称"齐惠公"。

齐惠公担任国君的时间只有十年，而且在其任期内也没有什么大事发生。公元前599年，随着齐惠公的去世，这场长达四十多年的"五公子之乱"终于划上了句号。

四、引火上身

齐桓公去世之后，他的五个儿子依次成为国君，分别是齐中废公、齐孝公、齐昭公、齐懿公、齐惠公，其中齐中废公和齐懿公在任期内暴毙，而齐孝公和齐昭公虽然寿终正寝，但国君之位并没有顺利传给下一代。直到齐惠公去世，他的儿子齐顷公顺利即位，这场兄弟之间为君权展开的残杀才结束。

五公子之乱开始的时候，齐国还没有失去霸主地位，但就在齐桓公这帮儿子为了私利手足相残的时候，楚成王、晋文公、秦穆公、楚庄王等人却为了霸业在努力地富国强兵，征战四方。曾经统领群雄的齐国此时已经被彻底甩在了后面。尽管如此，这位巨人毕竟拥有强大的身躯，若能积蓄力量再度崛起，也并非难如登天。但是这位新任的国君齐顷公在国内局面尚未稳定的情况下，居然主动去招惹晋国，让满目疮痍的齐国又掉进了万劫不复的深渊。

齐顷公即位之初，正是晋楚争霸进入白热化阶段的时候，公元前597年，楚庄王在邲之战一举击溃了晋军，从此正式登上了霸主的宝座。而此时的齐顷公误以为可以趁着晋国战败的机会，重振齐国的雄风，于是出兵讨伐莒国，扩大齐国的疆土。但令人意想不到的是，晋国虽然在对楚作战中失败，但并未遭受重创。面对周边诸侯们的蠢蠢欲动，晋国不仅击退了秦国的入侵，而且又灭掉了赤狄的潞氏，只花了短短几年时间便止住了颓势。

公元前592年，晋景公认为有必要召开一次会盟来彰显一下自己的实力了，于是派出亚卿郤克前往齐国沟通结盟的相关事宜，顺便敲打敲打最近有些膨胀的齐顷公。但就是在这次会晤中发生了一件完全失控的事情。齐顷公为了讨自己母亲的欢心，让她坐在帷幕后观看这次活动，出乎众人意料的是名震天下的晋国亚卿郤克居然是个瘸子，看着他走路吃力的样子，齐顷公的母亲竟然笑出了声。本来郤克出访齐国是为了威慑一下对方，结果话还没来得及说就被无情地嘲弄了一番，忍无可忍的郤克拂袖而去，并且撂下一句狠话："今日之辱，郤克一定加倍奉还,请齐君做好准备,不日之后,晋国大军一定会抵达临淄。"

郤克回国后强烈要求出兵伐齐,但当时的国君晋景公认为晋国刚刚开始恢复元气,此时出兵有些冒进。而齐顷公看晋国这边没什么动静,一直悬着的心也放下了。公元前589年,一直不安分的他又开始出兵伐鲁、卫两国。此时,楚庄王已经去世,晋国最大的威胁已经消除,而郤克也从亚卿升为正卿。面对齐国送给的机会,君臣二人达成了一致,于是晋国率领卫、鲁、曹三国联军进攻齐国,著名的鞌之战爆发了。虽然战斗打响之后,齐顷公亲临一线,英勇作战,但无奈的是晋国实力太过强大,仅仅动用了本国一半军力就让齐军无力抵抗,最终,晋国联军大胜。这场惨败让齐顷公认清了现实,于是马上对晋国俯首称臣,并且归还了曾经侵占的鲁、卫两国的土地。

齐晋之间的鞌之战是一场完全没必要发生的战争,在自身实力远不及对手的情况下,齐顷公各种匪夷所思的挑衅逼着晋国出兵征伐。正是由于他接二连三地惹是生非,让还没有从"内忧"中恢复过来的齐国又背上了"外患"的负担。

但幸运的是,齐顷公在经历过这场劫难之后,清醒了许多。对外，唯晋国马首是瞻，而且厚礼诸侯；对内，轻徭薄赋，救济百姓。慢慢地，齐国在内忧外患中逐渐走向了正轨。公元前582年，执政十七年的齐顷公去世，他的儿子齐灵公即位，就在灵公成为国君后不久，一个人的到来打破了齐国的平静。

五、一段丑闻

公元前575年，鲁国叔孙氏的宗主叔孙侨如出奔齐国。按理来说，叔孙氏是"三桓"之一，在鲁国颇有势力，到底发生了什么，竟让他们的宗主仓皇出逃呢？原来，叔孙氏在鲁国一直被季孙氏和孟孙氏压制，叔孙侨如对这种状况一直心存不满，总想带领自己的家族登上鲁国权力的顶峰。但无论是在明处还是暗处，几经尝试都无法撼动另外两家的地位，黔驴技穷的他开始剑走偏锋，居然利用自身形象的优势和鲁成公之母穆姜私通，且不断地向穆姜吹枕边风，想要除掉季孙氏和孟孙氏。被爱情冲昏头脑的穆姜听罢便立刻把这些话转述给了鲁成公。幸亏此时的鲁成公一点也不糊涂，不仅没有听从母亲，反而放逐了图谋不轨的叔孙侨如。

出逃到齐国之后，叔孙侨如和齐灵公一见如故，双方酒酣之时，叔孙侨如便提出要把自己的女儿嫁给灵公，灵公听罢欣然接受，接下来叔孙侨如就成了国君的岳父。

在齐国站稳脚跟之后，叔孙侨如再一次施展对国君母亲谜一般的吸引力，没过多久，齐灵公的母亲声孟子便和他厮混在了一起。相较于在鲁国，这一次的情况更加夸张，声孟子主动提出要让叔孙侨如和国氏、高氏平起平坐。对于声孟子的提携，叔孙侨如不仅没有惊喜，反而有些忧虑，因为他此次出奔的目的只是为了安度余生，并非是要和齐国的世家大族争夺权力，如今寸功未立就位列上卿，接下来一定会遭人嫉恨并且陷入朝堂风波，最终落得个身死异乡的结局。但贸然拒绝声孟子又怕对方怪罪，思前想后，叔孙侨如也不知道该如何解决这个棘手的问题，于是立刻收拾行装离开了齐国。

叔孙侨如走后，与其朝夕相伴的声孟子怅然若失，为了填补感情上的这段空白期，她开始不断物色新的目标并最终选定了齐国大夫庆克。为了掩人耳目，声孟子让庆克穿上宫女的衣服出入自己的寝宫。起初，这一切进行得还算顺利，但纸终究包不住火。一天，庆克照常乘坐车辇进入宫中，却被碰巧路过的大夫鲍牵认了出来。大吃一惊的鲍牵立刻把此事告诉了国佐，国佐听完大怒，把庆克召过来训斥了一番。丑闻被发现，庆克也觉得脸上无光，便待在家中闭门不出。

精心策划的一桩好事就这样被国佐给搅黄了，得到消息的声孟子怒不可遏，发誓要进行报复。或许声孟子当时说的只是气话，但巧合的是，过了没多久机会真的来了。由于晋国刚刚在鄢陵之战中大败楚国，重夺霸权，因此在公元前574年，晋厉公在柯陵（今河南省许昌市南）举行会盟，齐灵公与国佐一同赴会，国内就由高无咎和鲍牵在都城留守。会盟结束之后，诸侯们商量着要进攻亲附楚国的郑国，于是国佐就作为齐国的代表留了下来，齐灵公独自回到了国内。得知国佐留在国外，声孟子看准时机，向灵公告发高无咎、鲍牵、国佐等人打算拥立公子角为新君。

正是因为这次声孟子为了一己私欲的诬陷，一场让各大家族都牵涉其中的内乱爆发了。

六、齐国世族

在开始讲述新的内乱之前，有必要介绍一下牵连其中的齐国的国、高、庆、鲍四个世家大族，其中影响力最大的就是国、高两家。国氏和高氏都出自齐国的公族，他们是由周天子钦定的上卿，被称为"二守"。在齐国，国君和国、高两家之间并非传统意义上的君臣，更像是一把手和两位副手之间的关系，军队也由国君和两家的宗主共同执掌。当年齐桓公能够险胜公子纠，更深层次的原因是得到了两家的支持。另外在公元前648年，周襄王以上卿之礼接待管仲，纵使在齐国已经位极人臣的他也因为顾忌国、高两家而坚决推辞，只敢接受下卿之礼，由此可见两家在齐国权倾朝野的地位，两家时任的宗主分别是前文提到的国佐和高无咎。而庆氏和国、高一样都是出自齐国公族，虽然其地位并不显赫，但由于庆克和国君的母亲搭上了关系，此刻在国内的势力也不可小视，庆克的父亲就是前文我们讲到的五公子之一的公子无诡。而和高无咎一同留守国内的鲍牵，他的曾祖父就是大名鼎鼎的鲍叔牙，鲍氏在齐国的地位虽然不及国、高，但也颇为显赫。

声孟子的这次诬告直接针对的是国、高、鲍这三个在齐国最有势力的大家族，而且她的目的只是出于私心。一边是权倾朝野的大家族，一边是为了泄私愤的母亲，支持哪一方，按照常理这是一个丝毫不需要犹豫的选择。但是，齐灵公就是不按常理出牌，听完母亲的诉说之后，立刻下令砍去鲍牵的双脚，并且放逐了高无咎。

如此令人费解的决定怎么看都十分荒谬，可能大多数人看到这里，"昏君"的帽子是铁定给齐灵公扣上了。但诸位如果仔细回想一下其中的过程，有两件事情还是挺耐人寻味的。首先，声孟子寻找的两位情夫叔孙侨如和庆克都有一个共同的特点，那就是他们在齐国并没有太大的根基。其次，和晋国的会盟结束之后，齐灵公为什么单单把国佐留在国外，而自己返回齐国呢？

在此之前，齐国的内乱从表面上看是公子们在争夺君位，但实际上也是他们背后不同的支持者在相互较量，这些内乱和世家大族有着密不可分的联系。在齐灵公看来，如果不是他们从中挑唆，混乱的局面可能就不会出现，或许他早就在暗中筹谋打压朝中的权贵了，国佐被留在国外应该也是他的刻意安排。而声孟子寻找情夫不单纯是为了排遣寂寞，更多是为了拉拢新的势力从而制衡世家大族。

高无咎离开齐国之后，他的儿子高弱便召集族人在自己的封地卢邑（今山东省济南市长清区西南）起兵谋反。而此时高氏的叛乱正中齐灵公的下怀，早就做好准备的他立刻任命崔杼为主将，庆克为副将，率领军队讨伐高弱。

七、祸乱再起

崔杼，齐国公族，齐丁公的后代。齐丁公是谁呢？就是名震天下的齐国首任国君姜子牙的儿子。虽然根正苗红，但毕竟年代有些久远，因此，整个春秋时期崔氏一族在史籍之中都鲜有记录，直到齐惠公执政之后，崔杼深受宠信，崔氏家族在齐国的地位迅速提升。但如此一来，就引起了国、高两家的不满，当时两家的宗主国佐和高固认为必须要打压一下崔杼了，于是找了个机会把他放逐到了卫国。直到庆克之乱的前夕，在卫国流亡二十多年的崔杼才被召回了齐国，而他回国后被安排的第一个任务就是与庆克一起率军平定高弱的叛乱。接到了这样的命令，崔杼的心情无比激动，在外漂泊了这么多年，如今终于有机会向国、高两家复仇了。

虽然这是一场力量悬殊的对决，但当所有人都认为齐国的正规军可以轻而易举地剿灭叛军的时候，意想不到的事情发生了。前文提到柯陵会盟结束后齐灵公先一步回国，国佐代表齐国跟着诸侯联军一起讨伐郑国，但听说国内发生变故后，国佐立刻赶了回去，凭借自己在军中的威望直接接管了崔杼和庆克的指挥权。这样一来，形势立刻发生了逆转，手握兵权的国佐不由分说便把庆克就地处决，接着打算掉转枪头和高氏一起对付齐灵公。

消息传到都城，等待捷报的齐灵公大惊失色，无可奈何的他只能立刻派人去和国佐讲和。此时的国佐也觉得自己的行为有些过分，高弱的叛乱本来和自己也没什么直接关系，既然国君不再追究自己擅杀庆克的罪过，便率军回到了临淄。国佐一走,把高弱心中刚刚燃起的希望给彻底浇灭了。鉴于目前独立无援的局面,在慎重考虑了一番之后,高弱选择投降。

平息了这次叛乱以后,齐灵公一直悬着的心终于放下了。接下来,他废黜了高弱,让高弱的叔叔,也就是高无咎的弟弟高厚担任高氏宗主。对于国佐,他虽然表面上恭敬有加,但私下一直打算将其除掉。第二年,准备充分的齐灵公直接派人在朝堂上刺杀了国佐,还派人把国佐的长子国胜一并给杀了,国佐的次子国弱一看大事不妙,便出逃到了鲁国。

毕竟国氏是周天子钦定的上卿,齐灵公也不能将他们赶尽杀绝,最终国弱还是被接回了齐国,继承了宗主之位,国氏一族得到了延续。自此,这场由声孟子和庆克引发的内乱彻底结束了,齐国朝堂的格局也因此发生了巨大的变化。国、高两家遭受了毁灭般的打击,而崔氏、庆氏替代了昔日两家的地位。崔杼被提拔,庆克的儿子庆封和庆佐也受到重用。

在稳定了国内的朝局,将权力紧紧地掌握在自己手中之后,齐灵公并没有安于现状,而是把目标转向了国外。公元前557年,晋国中兴之主晋悼公去世,其子晋平公即位，齐灵公就趁着这个机会派兵进攻鲁国。晋平公对此不能坐视不管，于是邀请齐、宋、卫、郑、曹、莒等国举行会盟，一来是为了重申晋国的霸主地位，二来是为了敲打齐国，让其有所收敛。

"今日宴会，寡人能与诸位相聚甚是荣幸，但只是喝酒未免有些乏味，不知诸位可否吟诗起舞以助兴？"晋平公微微一笑，但眼睛一直盯着代表齐国前来赴宴的高厚。

虽然明知道晋平公是在针对自己，高厚也不能贸然拒绝，只能起身说道："平日里政务繁忙疏于诗舞，君上见笑了。"

接下来，高厚硬着头皮跳起舞来。也不知道是由于气愤还是紧张，高厚的表演丑态百出，场面一度十分尴尬。看到晋平公的脸色越来越难看，一旁的晋国正卿中行偃立刻起身指责高厚："身为大国上卿，连起码的礼仪都做不到，难道您是故意的吗？"

"不敢不敢，实在是平时疏于练习。"高厚赶紧回答。

"是疏于练习，还是对晋国心怀不满？"中行偃又厉声质问道。

高厚听完吓出了一身冷汗，虽然知道晋国君臣是故意让他难堪，但面对咄咄逼人的中行偃，自己也不知道该如何应对，赶紧找了个机会逃之夭夭。可如此一来，晋平公更加生气了。本来这次会盟，晋国只是为了重申自己的霸主地位，高厚只要表明齐国尊晋的立场就会皆大欢喜，可他这么一走反而让矛盾激化、事态升级，接下来各国的卿大夫只好一起盟誓，共同讨伐不忠于盟主的齐国。

消息传到齐国，齐灵公看晋、齐两国的关系既然发展到了这个地步，索性也不再瞻前顾后了，于是立刻下令大举进攻鲁国。此时鲁国毫无招架之力，只好派遣叔孙豹（叔孙侨如的弟弟）前往晋国求援。公元前555年，晋平公任命中行偃为元帅，率领晋、鲁、宋、卫、郑、曹、莒等十二国联军征讨齐国，著名的平阴之战爆发了。

八、平阴之战

齐灵公得知以晋国为首的联军浩浩荡荡地进入齐国之后，便率军在平阴（今山东省平阴县东北）一带修建防御工事，准备抵御联军。此时的齐军在规模上虽然处于劣势，但由于这是在本土作战，完全可以利用城防坚固的特点坚壁清野，和对方打消耗战。不过，齐灵公可能由于接二连三地打败鲁国而信心倍增，并不甘心龟缩防守，而是想和联军正面打上一仗，因此他并没有深思熟虑便选择了主动迎战。虽然愿望很美好，但现实很残酷,双方刚一交战,齐军瞬间便被击溃。看到如此局面,头脑冷静下来的齐灵公不敢再抱有任何幻想,于是立刻下令全军退守险要。

接下来,双方的军队就从对攻变成了对峙。由于联军多次的进攻都被对方成功化解,主帅中行偃决定派亚卿范匄前往齐军营中探查。

"深夜造访,看来是有什么要事吧?"齐国大夫析归父看到范匄前来有些吃惊。

"我们相识了这么久,您还是赶紧离开这里逃回临淄吧。"范匄开门见山地说道。

"如今战事胶着,胜负未分,我为什么要逃走?"析归父有些疑惑地问道。

"正是因为胶着,所以我们决定兵分两路,一路绕开平阴,从侧方袭击临淄,而驻扎在这里的部队会倾巢出动,牵制你们的主力。一旦计划成功,都城被破,贵君无家可归就是顺理成章的事情,您可得为自己好好打算一下,事不宜迟,您还是赶紧离开这里。"范匄说完又嘱咐了几句便匆匆离开了。

析归父送走了范匄之后,立刻去向齐灵公汇报,灵公听罢有些吃惊,但也有些疑惑,于是问道:"范匄的话有多大的可信程度?"

"无法确定,但如果联军明日真要强攻平阴,范匄的话就是真的了。"析归父说道。

第二天一早,齐灵公登高远眺,只见对面营中尘土飞扬,而四周的山上遍布晋国的军旗。看到此处,灵公心中一沉,此时困守平阴迟早要被攻破,万一都城临淄被袭,后果不堪设想。一番思索之后,齐灵公决定派出一部分兵力负责断后,其余的主力部队趁着夜色赶紧撤军。

其实,齐灵公看到的敌情只是假象,中行偃命人让战车拖着木柴来回奔驰,造成尘土飞扬、大军压境的场面,而在四周的山上只是插满了军旗和假人。齐军撤退没多久,联军很快占领了平阴,随后便展开了对齐军的追击。

失去了平阴这个战略要地之后,齐军兵败如山倒。同年十二月,联军连战连胜,接下来包围了临淄。看到局势发展到了这个地步,齐灵公彻底被吓破了胆,立刻准备放弃都城突围逃跑。但太子光不同意这么做,于是赶紧上前劝阻齐灵公道:"目前诸侯联军一直在城外掠取物资,并没有全力攻城,这是要撤退的信号,请君父不要担忧。况且一国之君如果逃跑,就会彻底失去民心,请君父务必要留下来坚守都城。"

但此时已经六神无主的齐灵公没有听从太子光的建

议，还是执意要出逃。太子光迫不得已拔剑斩断了马的缰绳，这才阻止了齐灵公。

虽然诸侯联军势如破竹，但此时身为主帅的中行偃却身患重病而且不断恶化。与此同时，楚国又发兵入侵其盟国郑国。鉴于这些原因，各国军队的负责人进行了紧急磋商之后，决定放弃攻齐主动撤军。而联军主帅中行偃没有坚持多久便在归国的途中病逝。自此，以晋国为首的联军和齐国之间的平阴之战正式结束。

平阴之战是齐晋之间第二次大规模的战争，也是齐灵公对于夺回霸权的一次尝试，虽然在国内他打击了国、高等世家大族，在一定程度上加强了国君的权力，但他还是过高地估计了自己和齐国的实力。这次近乎愚蠢的行为不仅让刚刚恢复的元气再受重创，也让一直韬光养晦的齐国再次面对不利的外部形势。和当年的鞌之战的结果一样，最终，齐国通过自己的惨败巩固了晋国的霸主地位。

九、立储风波

齐灵公最宠爱的夫人叫戎子，但是她没有生育子嗣，只有一个养子叫公子牙。平阴之战结束之后，戎子向齐灵公提出改立公子牙为太子的想法。可能此时的齐灵公还在为太子光斩断自己马的缰绳而生气,所以毫不犹豫地答应了。接下来他将太子光赶出都城,然后立公子牙为太子,同时任命高厚为太傅,夙沙卫为少傅。

齐灵公这次突如其来的人事调整很耐人寻味,按照前文的叙述,他打压国、高两家,提拔崔、庆二氏,孰远孰近一目了然。可到了最后,灵公放弃了崔、庆两家拥护的太子光,反而把齐国交给了公子牙,让高厚和夙沙卫辅政,可见随着时间的推移,齐国政坛各种势力的关系也在发生微妙的变化。

安排完这一切,重病缠身的齐灵公已经完全无法理政。面对如此局面,崔杼自然不甘心权力被这么收回,于是星夜兼程把太子光接了回来,重新立他为储君。就在齐国众臣还来不及做出反应的时候,太子光立刻杀掉了戎子,并且陈尸于朝廷之上。得知消息的齐灵公虽然悲愤不已,但无力回天,没过多久便离开了人世。

齐灵公在执政的二十八年中,对内打压了国、高等权倾朝野的世家大族,加强了国君的权力。对外,消灭莱国,五伐鲁国,并且得到了周天子的认可,也算是止住了齐国长期以来不断下滑的国际地位,可谓颇有政绩。但是在他执政的末期,贸然挑战晋国导致多年来的努力付诸东流，而且去世之前出尔反尔地废立储君让刚刚稳定的齐国再一次陷入到内乱当中。因此，齐灵公虽然开了一个"中兴"的好头，却没有真正实现"中兴"。

公元前554年五月，太子光继任君位，史称"齐庄公"。庄公即位后的第一件事就是逮捕公子牙并且杀了他，公子牙的少傅夙沙卫见势不妙立刻逃到高唐并且起兵反叛。八月，崔杼杀掉高厚，占有了他的家产和采邑。十一月，齐庄公亲率大军和庆封一起平定了夙沙卫的叛乱。自此，齐国这次由立储而引起的内乱终于平息了。

稳定了国内的局势之后，齐庄公立刻着手改善和晋国的关系，主动参加了晋平公召开的澶渊会盟，并且与诸侯们握手言和。虽然这一系列举动看起来是齐国对晋国俯首称臣，但齐庄公的内心一直打算伺机报复，洗刷平阴之战的耻辱。就在这个时候，机会真的来了。

十、栾盈奔齐

平阴之战结束后，晋国的正卿中行偃去世，接下来便由范匄接替他的位置。由于晋国"六卿"中的范氏和栾氏颇有嫌隙，公元前552年，范匄在毫无征兆的情况下突然发难，把栾氏宗主栾盈驱逐出境并对其党羽大开杀戒。虽然晋国一直向各诸侯国三令五申禁止接纳栾盈，但齐庄公却有自己的打算，于是主动接纳了栾氏一党。

得到消息的晏婴心急如焚，立刻前去求见齐庄公。晏氏一族并非齐国公族，一直以来在朝堂上都默默无闻，直到齐灵公执政时期，晏婴的父亲晏弱领兵灭掉了莱国，晏氏家族才在齐国崭露头角。晏弱去世后，晏婴接替父亲成为晏氏一族的宗主。

"君上为什么不顾晋国的反对而执意接纳栾盈？"晏婴见到齐庄公便毫不客气地问道。

"为什么一定要听命于晋国呢？"齐庄公不慌不忙地回答。

"齐国尊晋国为盟主是世人皆知的事情，现在出尔反尔，失去了信用，接下来如何在天下立国？"晏婴接着说。

"先生难道忘记了临淄被围的耻辱了吗？如今晋国六卿争权，寡人为什么不能好好利用一下呢？"齐庄公解释道。

"君上若有一血前耻之志，更正确的做法应该是富国强兵，以齐国威武之师从正面击败对手。"晏婴继续说道。

"先生是责怪寡人的手段卑鄙吗？"齐庄公有些不满

地反问道。

"如果接纳晋国叛臣,对盟主阳奉阴违,以后如何在诸侯中自处?还请君上三思。"晏婴恳切地说道。

"晏大夫的意思寡人已经明白了。"齐庄公冷冷地说道,然后拂袖而去。

走出大殿之后,晏婴恰巧碰上了同样准备进谏的田氏宗主田须无,看着他询问的目光,晏婴一边摇头一边说:

"一国之君毫无诚信,想要雪耻却不走正途,如此自暴自弃,想必他国君的位置也坐不长久了。"

听到晏婴言辞如此激烈,田须无觉得自己即使努力进谏恐怕也得不到国君的认同,于是便和晏婴一同离开了。

公元前550年,齐庄公一方面暗中将刚刚投奔齐国的栾盈送回晋国并且支持他在曲沃发动叛乱,另一方面亲自率领齐国主力部队打算偷袭晋国。但是他们的密谋很快被发现了,得到消息的范氏立刻联合几大家族一同进攻栾氏,迅速攻克了曲沃。齐庄公的奇袭虽然取得了一些效果,但看到晋国内乱已定,也只好撤军。回到国内后,偷鸡不成的齐庄公开始担心晋国的报复,于是暗中和楚国联络,想得到他们的帮助。可是还没等晋国出兵讨伐，齐庄公就一命呜呼了，这又是怎么回事呢？

十一、庄公惨死

"国君总是在您外出之际，前往家中和夫人私会，而且一而再再而三，不仅不知道收敛，反而愈演愈烈，难道您就无动于衷吗？"崔杼的家臣忧心忡忡地说。

崔杼听罢眉头一皱，故作平静地说道："怎么会不知道，但毕竟他是君，我是臣，总不能因为这件事情谋反吧？"

"国君如此嚣张，根本就没把您放在眼里，当初若不是您的支持，他怎么可能继承君位。如此下去，恐怕整个崔氏一族都会被众臣所耻笑。"家臣继续说道。

崔杼有些茫然地点了点头，然后陷入了沉思。崔杼的夫人名叫棠姜，在嫁给他之前是齐国大夫棠公的夫人，棠公病逝，崔杼前去吊丧，在丧礼上见到棠姜之后便无法自拔，无论如何也要迎娶对方。由于崔氏和东郭氏（棠姜出自东郭氏）都是姜姓的齐国公族，按照礼法规定同姓是不能成婚的，但崔杼并不打算以礼行事，尽管身边的亲朋好友一再反对，最终他还是把棠姜娶回了府上。

想到此处，崔杼不由得叹了口气："早知如此，真不应该一时冲动娶了她。"

听到他的低声自语,家臣接着说:"还有一件事情,恐怕会让您更生气。"

"什么事?"崔杼问道。

"国君前几天和夫人私会之后,拿走您上朝时戴的帽子,一出门就赏给了别人。大家都知道那是您的帽子,这样一来,这件事是众人皆知了。"家臣接着说。

崔杼听到此处愣住了,脸上的表情霎时间凝固了,过了好一会儿才反应过来,只见他怒目圆睁、双拳紧握,咬牙切齿地说道:"我一定会让他付出惨重的代价。"

此时齐庄公接纳栾盈并且参与晋国的内部矛盾,如果弑君成功,不仅能够报了私仇,而且可以获得晋国的支持,想到此处崔杼更加坚定了决心。虽然目前的局势十分有利,但事情开始实施的时候却没有想象的那么顺利,尽管崔杼不断在暗中积蓄力量,却一直没有找到出手的机会。就在他心灰意冷的时候,突然听说齐庄公的侍臣贾举因为屡次被鞭打而怀恨在心,崔杼心中大喜,立刻去找贾举。经过一番长谈和利益交换,贾举同意帮助崔杼弑杀国君。没过多久,他们期盼已久的机会终于来了。

这一年夏天,莒国国君出访齐国,依照礼法齐国君臣应该设宴招待。此时本应该参加宴会的崔杼却以身体不适为由向国君告假，齐庄公听罢没有丝毫的犹豫便批准了，因为这样便可以以去崔府探望为借口和棠姜幽会了。宴会结束之后，轻车熟路的齐庄公立刻前往崔杼的宅邸。进门之后，一直陪侍在庄公身边的贾举示意随从们在门外等候，不要打扰国君。想着马上就能见到自己朝思暮想的棠姜，齐庄公心情甚是愉快，边走边哼着小曲儿，可就在这时，崔杼家的私兵们突然冲出来将庄公团团围住。

看到身披铠甲、手握兵刃的众人对他怒目而视，齐庄公有些不知所措，于是试探着问道："这是怎么回事儿？快让崔杼出来见我。"

"主人如今病重卧床，无法起身出门。我们得到的命令是诛杀前来与夫人私会的贼人。"带头的士兵大声回答道。

"寡人是你们的国君，快快放下兵刃，寡人可以既往不咎，不然统统以谋逆罪论处。"听到此处，齐庄公立刻表明了自己的身份。

听了这句话，在场的私兵们犹豫了。庄公趁着他们一愣神儿的工夫，转身便要翻墙逃跑。带头的士兵见势不妙大声喊道：

"莫听贼人花言巧语，别让他跑了，赶紧将其斩杀。"说罢搭弓就是一箭，齐庄公中箭应声倒地，众人见状也不再犹豫,而是一拥而上。自此,担任国君仅仅六年的齐庄公就这样惨死在崔杼的府中。

十二、人臣之义

齐庄公进去之后,在门外等候的侍从们放松了下来,互相小声地说笑着。但过了没多久就听到齐庄公在大声斥责,接着便是一阵呼喊。感到大事不妙的侍从们立刻破门而入,但看到的却是齐庄公的尸体以及崔家私兵手中尚在滴血的屠刀。

崔杼政变的消息很快就传遍了整个临淄,满朝文武也各自有不同的举动。有人见势不妙,立刻携家带口出奔他国,也有人带着自己的兵士准备营救国君,这其中就包括名臣晏婴。但遗憾的是,等他赶到崔府的时候,庄公以及救驾的一众大臣全部被剿灭,这场处心积虑的弑君行动已经按计划完成了。

"我们还进去吗?"晏婴的随从问道。

"国君已死,进去还有什么意义?"晏婴回答道。

"您要自杀以报国君吗?"随从试探着问道。

"他又不仅仅是我一个人的国君,为什么跟着他一起死?"晏婴回答道。

"您打算要逃出齐国吗？"随从接着问道。

"这一切都不是我的错，为什么要出逃？"晏婴继续回答。

"我们回去吧？"随从又问。

"国君都死了，又能回到哪儿啊？"晏婴叹了口气。

听完晏婴这几句让人摸不着头脑的回答，随从一时之间竟不知道该做什么，只能静静地站在一旁。

过了片刻，晏婴说道："国君若为社稷而亡，臣子自然欣然赴死；国君若为社稷而出逃，臣子也会跟随他一起出逃。如今国君是因为自己的过错而死，我又不是他的宠臣，没必要替他承担这个责任。"

晏婴刚发表完自己的言论，崔府的大门忽然开了，崔杼缓缓地从里面走了出来。晏婴见到他一句话也没说，径直走了进去。崔杼没有阻拦，而是转过身跟着晏婴看他到底要做什么。只见晏婴走近齐庄公的尸体，伏在上面痛哭不止，接着起身跳跃了三次，行完顿足之礼后便转身离去。

崔杼的家臣看到如此场景，急忙说道："面对如此局面，晏婴丝毫不见慌乱，而且有礼有节，恐怕日后不会顺从您，不如现在就把他杀掉。"

"晏婴深受众人爱戴，现在杀了他，岂不是要与百姓为敌？放了他，我还可以争取民心。"崔杼说道。

公元前548年，崔杼和庆封拥立庄公的弟弟公子杵臼（叔孙侨如的女儿和齐灵公所生）为君，史称"齐景公"。崔杼出任右相，庆封出任左相，在即位大典上，两人要满朝文武一起盟誓："不追随崔氏、庆氏的人，只有死路一条。"

众人纷纷赞同，只有晏婴说道："有上天作证，我晏婴只追随忠君利国的人。"

看到晏婴如此，庆封大怒，立刻要杀掉他。崔杼又以争取民心的理由出面阻拦，庆封冷静下来之后最终放过了晏婴。

齐庄公因为放荡淫乱丢掉了性命，等于把执政的大权拱手让给了权臣，但是作为此次事件最大受益者的崔杼还没来得及享受胜利的果实也一命呜呼了，这又是怎么回事呢？

十三、崔杼自尽

公元前546年，庆封代表齐国出席第二次"弭兵之盟"，在这次会盟上，晋、楚两大军事集团达成停战协定，除了秦、齐两国之外，其他的诸侯国无论曾经是谁的盟友都要同时向晋、楚两国俯首称臣并且缴纳贡赋。

自此，一直到春秋时代结束，晋楚两国再也没有发生大规模的军事行动。和平的外部环境加上没有纳贡的负担，这不仅可以让刚刚发生政变的齐国有足够的时间休养生息，又可以使刚刚掌握实权的崔杼安心地享受胜利的果实。但偏偏就在一片祥和之际，崔氏一族的内部发生了动乱。

早些年，崔杼的前任夫人生下崔成和崔强两人便去世了，现任夫人棠姜和他生下了崔明。棠姜由于深受崔杼的喜爱，因此她和前夫棠公生的儿子棠无咎以及自己的弟弟东郭偃都被崔杼委以重任。后来，长子崔成因为身患疾病，崔杼便改立崔明为崔氏一族的继承人，崔成失去了继承权之后请求得到崔邑（今山东省济南市济阳区东北），打算在那里度过余生，崔杼觉得有愧于长子便毫不犹豫地答应了。但是崔邑是宗庙所在地，只有崔氏宗主才有继承权。因此东郭偃和棠无咎立刻反对，而且三番五次地劝阻崔杼收回成命。得知消息的崔成怒不可遏，于是和弟弟崔强一起前往庆封的府上找他商量对策。

"家父如今只听信东郭偃和棠无咎，对崔氏其他族人的进言一概不管不顾，我担心这两人将来会加害父亲，因此来向您寻求帮助。"崔成对庆封说。

"我与你父亲同朝为官多年，如果他打定了主意，恐怕很难劝得动。"庆封不动声色地说道。

"连您都劝不动他,看来我们只能除掉崔明和棠无咎了。"崔成恶狠狠地说道。

庆封听后心里一惊,但依旧面色不改地说:"此事事关重大,容我考虑考虑,二位稍等片刻,我去去就回。"

庆封说完,立刻去找自己的家臣卢蒲嫳商量,卢蒲嫳听完叙述后马上说道:"看来上天是要抛弃崔氏了,如果他们家族因此衰落,那么庆氏就要崛起了。"

庆封听罢若有所思,打定主意后便去见崔成、崔强二人,并对他们说道:"二位说得合情合理,既然对你们的父亲有利,就放心大胆地去做吧,我是你们坚强的后盾。"

这一年九月,崔成、崔强找准了机会,率领自己的党羽在崔府杀掉了东郭偃和棠无咎。面对眼前混乱的局面,不知所措的崔杼赶紧前往庆封那里商讨对策。

"这二人竟然做出如此大逆不道的事,如果不是您及时逃脱,恐怕也性命难保。"庆封心中窃喜,但仍然义愤填膺地说。

"夫人和崔明还在家中,不知道他们现在是否安全。"崔杼魂不守舍地说。

"崔氏庆氏是一家人,解救他们的事情您就放心地交给我吧。"庆封一边说，一边让卢蒲嫳带领私兵前往崔府。

得到命令的卢蒲嫳深知主人的意图，于是立刻率兵冲进崔府，把府中所有的人杀得一干二净，洗劫一空。毫不知情的崔杼看到卢蒲嫳回来复命以为事态已经平息，便高高兴兴地辞别了庆封。可当他刚一跨进府门便如遭五雷轰顶，此时的崔府尸横遍地，夫人悬梁自尽，崔明出逃到了鲁国，家中所有值钱的东西也都不见了。

等他从震惊中恢复过来后才意识到这一切都是庆封的阴谋。可事到如今一切都晚了，绝望的崔杼再也没有勇气去扳回这一局了，悲愤交加的他最终选择追随夫人棠姜悬梁自尽。自此，在齐国权倾朝野的崔氏一族彻底被消灭了。

十四、庆氏之乱（上）

虽然从结果上来看，崔杼弑君谋逆，是名副其实的乱臣贼子，不过从动机上来分析，被戴绿帽子的他这么做也是合乎情理，大权独揽的他也没有肆意杀戮，最后被他人设计而悬梁自尽的结局又添加了几分悲情的色彩，因此对于崔杼的评价很难一概而论。但是对于庆封，他挑唆崔氏内乱，又趁乱几乎杀光了崔氏一族，给他一个阴险狡诈、心狠毒辣的奸臣的评价是再合适不过了。

崔杼自杀后,庆封顺理成章地代替其执掌了朝政,他嗜好打猎以及酒色,对朝政毫无兴趣,于是把所有的政务交给儿子庆舍之后,就带着家眷在家臣卢蒲嫳的家中住下了,整日里和卢蒲嫳交换妻妾,饮酒享乐。庆氏一族登上权力的顶峰之后,曾经被崔杼驱逐出境的大臣们纷纷回国,这其中就包括卢蒲癸,虽然他和庆封的家臣卢蒲嫳是同族,但是他回到国内的目的却是铲除庆氏。

因为有卢蒲嫳的这层关系,卢蒲癸很快取得了庆舍的信任,庆舍甚至还把自己的女儿许配给了他。渐渐在庆氏家中站稳脚跟的卢蒲癸为了壮大队伍,又向庆舍推荐了自己的死党王何。庆舍对此没有丝毫怀疑,立刻答应了他的请求。

如今的齐国,庆氏一族及其党羽日渐跋扈,他们的骄横几乎无处不在。本来卿大夫工作餐的标准是两只鸡,但在做饭的过程中被换成了鸭,等送上来的时候连鸭肉也没有了,只剩下了鸭汤。面对如此境遇,大臣们多数是敢怒不敢言,但栾灶和高虿却不愿意逆来顺受、忍气吞声,而是在暗中积蓄力量,准备寻找机会一举铲除庆氏。栾灶和晋国的栾氏并没有什么关系,他的父亲名叫公子坚,字子栾,栾灶就是以他的父亲的字为氏。而高蛋也不是"二守"之一的高氏,他的父亲是叫公子祁,字子高,高蛋同样也是以父亲的字为氏。

在两人不断的劝说下,田氏宗主田须无和鲍氏宗主鲍国加入了进来,而其他不愿意参与的宗主们纷纷表示在精神上给予支持。得知这些消息之后,卢蒲癸和王何激动不已,马上私下联系栾、高两人,告诉他们可以里应外合。到此,齐国群臣的"反庆氏联盟"正式成立,接下来大家进入到紧张的谋划当中。

公元前545年十月,庆封前往莱地(今山东省昌邑市东南)打猎,众人期待已久的机会来了,而作为本章主人公的田无宇也正式登上历史舞台。

正是因为庆封的外出,大家决定趁此机会对留在都城的庆舍发动袭击。为了稳妥起见,田须无让儿子田无宇跟随庆封打猎,随时监视他的动向。在前往莱地的这段时间里,田无宇不间断地给父亲传递消息。过了没多久,田须无告诉他城内已经准备就绪,随时可以起事,让他找个机会离开庆封。田无宇接到消息后,立刻前往庆封的住处,一见面便嚎啕大哭:

"刚才接到家父的书信说家母病重,我又占了一卦,看卦象,母亲恐怕不久于人世。"

"这么严重吗?你赶紧回家看望母亲吧。"庆封正忙于清点打猎的战果，对于田无宇的话并没有在意。

田无宇听罢，擦了擦眼泪，道了声谢便出去了。此时，庆封的族人庆嗣赶紧提醒他道："自从到了莱地，田无宇和田须无书信不断。今天突然要走，会不会是临淄要发生什么事情了？"

"有庆舍在都城坐镇，能发生什么事情？"庆封反问道。

"打猎事小，我们还是赶紧回去看看吧，万一平时反对您的大臣们有所动作，问题可就严重了。"庆嗣接着说。

"完全没必要，留在临淄的那些人就是一帮酒囊饭袋。"庆封一听要中止打猎，心里一万个不乐意，说罢便走了出去。

离开了庆封之后，田无宇一直悬着的心终于放下了。他快马加鞭向都城飞奔，顺便将沿途的渡船和桥梁全部毁掉，这样即使起事的消息传到庆封那里，也能多拖住对方一段时间。

十五、庆氏之乱（下）

接下来我们把目光转向临淄。由于齐国一年一度的秋祭即将举行，剿灭庆氏的行动就定在这一天。庆封是相国，这次祭祀理应由他出面主持，可此时他正在莱地打猎。庆舍虽然替父理政，但如此重要的国事让他主持还是有些不合礼法。因此，如何能让庆舍主持祭祀便成为首要的问题。这天夜里，卢蒲癸正在家中思索着如何完成这最后一个环节的时候，他的夫人，也就是庆舍的女儿关切地问道：

"看夫君近日异常忙碌而且时常眉头紧锁，是不是有什么要事？"

"秋祭在即，自然是要忙碌一些。"卢蒲癸搪塞道。

"夫君是要打算联合各大家族剿灭庆氏吗？"夫人轻描淡写地说道。此话一出，毫无防备的卢蒲癸顿时惊骇不已，一时间竟然不知道该如何回答。

夫人微微一笑，接着说："父亲性情倔强，你说东他偏要往西，想要让他主持秋祭就非得用激将法才行。"

听夫人的语气十分平静，卢蒲癸的心情平复了一些，但还是有些忐忑地问道："夫人不打算告发我吗？"

"庆氏一族如今飞扬跋扈，长此以往迟早会被灭族，既然嫁给了夫君，自然是要支持你，至于父亲那边，就由我来激他主持秋祭吧。"夫人坚定地说。

公元前545年十一月初七，齐国的秋祭如期进行，庆舍亲自主持这场活动。在流程化的仪式进行完毕后，田、鲍两家准备的节目开始上演了。一直戒备的庆氏私兵此时也放松了警惕，脱掉身上的护甲，坐在地上一边喝酒一边观看。看到这样的情形，田须无便向鲍国、栾灶和高虿做了个手势示意行动可以开始，然后田须无转身和一旁的随从耳语一番。没过多久，庆氏私兵们的护甲全部被偷了过来，并且分别送到了田、鲍、栾、高四家的私兵手中，大家穿戴整齐之后就悄悄地把祭祀的场地包围了起来。看到全员已经准备就绪，高虿猛吸了一口气，突然拿起身边的槌子在门上猛敲了三下。

眼见高虿如此奇怪的举动，正在观看节目的庆舍有些疑惑，就在他正要前去询问的时候，突然感到身后一阵寒风袭来。原来站在他右边的卢蒲癸趁着他起身的一刹那便拔剑向他后心刺去，庆舍下意识地往左一闪躲过了背后的一剑。但与此同时，站在他左边的王何双手持戈用力挥了过去。这一下，庆舍躲无可躲，自己的左肩被削去大半，鲜血顿时喷涌而出。此时的庆舍完全顾不上疼痛，借着戈击打的力道左脚顺势一蹬，人便向右前方窜了出去。眼看一击不成，卢蒲癸立刻命令四家私兵将庆舍团团围住，虽然庆舍平日里异常骁勇，但最终还是寡不敌众，倒地身亡。四家对于庆氏的剿灭行动初战告捷。

庆舍死去的消息很快传到了莱地，庆封听后大吃一惊，于是立刻率领众人杀回临淄，可等他们赶到的时候一切都晚了,田、鲍、栾、高四家早已把都城里面的庆氏余党清洗得干干净净。恼怒的庆封下令进攻临淄,也不过是发泄一下私愤而已,眼看着攻城接连受挫的庆封也知道大势已去,最终只好带着自己的残部逃亡鲁国。自此,曾经在齐国朝堂显赫一时的庆氏一族彻底消亡了。

庆氏之乱结束之后,他的宠臣卢蒲嫳被驱逐出齐国,至于庆封的封地,作为胜利者的四大家族开始商议如何将其瓜分,最终决定拿出六十座城邑赠与晏婴,奖励他在崔、庆之乱中刚正不阿的表现。但晏婴听后坚决推辞,高虿十分不解,便向晏婴询问:

"世人对土地与财富皆有欲望,为什么您会放弃这唾手可得的城邑呢?"

"欲望满足了,大祸就要临头了。庆封就是因为享尽了荣华富贵才会落得个身败名裂的下场。"晏婴正色道。

"多年来您一直为官清廉,怎能跟庆封相提并论?"高虿继续说道。

"如今的尺寸之地已经令我满足,一旦接受了这六十座城邑就超出了我的欲望,人一生能获得的财富是有定数的,一旦超过了就会害怕失去,为了保住它,自己的行为就会慢慢与正道相背离,想必您也不想让我步庆封的后尘吧。"晏婴微微一笑,缓缓地说道。

高虿听罢大为感动,于是将自己刚刚分得的土地全部交还给齐国公室,栾灶得知了晏婴的陈词后也效仿高虿,只留下很少一部分土地,把剩余的都交了上去。这场内乱结束后,栾灶和高虿执掌了齐国的国政,就在这一切尘埃落定的第二年,也就是公元前544年,公子季札率领使团前往齐国,本章的剧情进行到这里,终于和前文的内容衔接在了一起。根据公子季札的预言,不久之后齐国会再次面临动乱,那么刚刚稳定的齐国接下来又会如何发展呢?

十六、民心所向

庆氏一族灭亡后不久,田氏家族的第四任宗主田须无去世,他的儿子田无宇成功继任。庆氏之乱虽然给齐国带来了很大的灾难,但是田氏一族却从中捞取了巨大的政治资本,成功地从幕后走向前台,成为齐国政坛一股不可或缺的势力。

公元前539年,齐景公派遣晏婴出访晋国。宴席上,晋国大夫叔向和晏婴相聊甚欢。

"虽然这些年来齐国内乱不断,但近期却是一片祥和的景象,看起来颇有崛起之势。"叔向说道。

"崛起？恐怕是快到末世了。"晏婴叹了口气。

"栾、高两位执政大臣的才能有目共睹，齐国怎么会到末世呢？"叔向有些不解地问。

"就在这些公孙贵胄、世家大族忙于争权的时候，田氏家族却不断积蓄力量，如今已经势不可当了。"晏婴接着说。

"田氏如今的宗主是田无宇吧？"叔向问道。

晏婴点了点头，接着说道："齐国有四种量器，分别是豆、区、釜、钟。四升为一豆，四豆为一区，四区为一釜，十釜为一钟。但是田氏的每一种量器都比齐国公室的标准要大，田无宇借出粮食的时候是用自己家的大量器，等收回的时候就用公室的小量器。不仅如此，山泽湖海的产品，他也是按照原产地的价格在市场上贩卖，不从中赚取丝毫差价。"

"看来田无宇在争取民心方面颇有手段。"叔向说道。

"反观我们的国君，对民情民意不管不顾，民众辛苦劳作之所得的三分之二都要上缴公室，国君拥有的财富堆积如山，百姓留下的粮食连温饱都难以维持。而且齐国严刑峻法，犯个小错就会被砍去双脚，现在集市上的假肢遭到哄抢，而鞋子却无人问津。"晏婴沉重地说。

"听您这么一说，其实晋国的境况和齐国也相差无几，公室与六卿忙于争权，无人关心百姓的生计。"叔向也叹了口气。

"此时有田无宇出来关心他们,民众对田氏自然是爱之如父母,归之如流水。公子季札早就指出田氏会是最后的胜利者,我对此将信将疑,现在看来他的眼光真是独到和犀利啊。"晏婴有些感慨地说道。

接下来,叔向又痛陈了一番晋国的弊政之后,两个人就结束了在晋国宴会上的攀谈。

晏婴回国没多久,栾灶就去世了,他的儿子栾施继任栾氏宗主。五年之后,也就是公元前534年,高虿去世,他的儿子高强继任高氏宗主。两位才能卓著的执政之臣相继离世,接下来田无宇又会有怎样的动作呢?

十七、离间不成

高强虽然成为高氏的宗主,但由于年少,很难震慑住父亲留下的这批家臣,为了稳定高氏一族,栾施主动替高强处理了一批掌握实权的家臣,该杀的杀,该流放的流放,接着又给高强精挑细选了一位才能出众的家宰。这些举动让其他的高氏家臣既不满又担心,为了自保,他们打算暗中起事除掉栾施,并且找到了高虿的生前好友田无宇。

此时的田氏家族虽然已经在齐国政坛崭露头角，但是比起栾、高两家，还是无法与之抗衡。起初，栾、高两家势均力敌，两位新的宗主继任之后，栾氏明显占据了上风。长此以往，没有了两股势力的相互牵制，齐国又会出现一家独大的局面，而这样的局面对田氏来说并非好事。为了维持相对平衡的局面，田无宇准备支持高氏的家臣。另外，田无宇这样做还有更深一层的含义，如果能趁机激化栾、高之间的矛盾，这样无论谁是最后的胜利者，自己都可以坐收渔利。

可是事与愿违，田无宇打算参与行动的消息很快就传到了栾施的耳朵里。起初他还不太相信，但听到的次数多了也不免产生了怀疑，于是前往田氏的府邸去找田无宇。而此时的田无宇正穿上护甲带领私兵准备出发，听到栾施亲自前来，心里一惊，立刻换上便服出门迎接。

"听说高氏一族的人要攻打您，不知道您是否知晓。"田无宇见到栾施便先发制人，看看他对于这件事的态度。

"是吗？完全没有听说。"栾施装作什么也不知道。

"得到消息之后，我就准备率领私兵前去阻止，刚巧您来了，我就随您一同攻打高氏。"田无宇知道事情已经败露，于是打算掉转枪头对付高氏。

栾施见状冷笑了一声，索性把话挑明了："高强年少，我怕他无法掌握局势才出面帮他清除异己，高氏的那些老臣当然痛恨我，可高强应该知道其中的利害，又怎会对我痛下杀手？"

"家臣常伴其侧，高强恐怕是误听谗言了吧？"田无宇见栾施怒形于色，只能小心地应对。

"恐怕不仅是家臣，还有别人也从中挑唆，想破坏栾、高两家的关系吧？"栾施瞥了一眼田无宇，意味深长地说道。

田无宇见对方已经把话说到了这个份上，自己已经掩饰不住了。于是慌忙叩首道歉，承认错误。

"以栾、高两家的关系，我怎么可能去攻打他们。"栾施见敲山震虎的效果已经达到，甩下这一句话后转身走了。

最终，田无宇打算顺水推舟离间两家关系的计划并没有成功。经过了这件事情，栾、高两家的关系反而比当初更加亲密了。

十八、功成身退

此后的两年，高强在家族中逐渐站稳了脚跟，栾、高两家也成功地掌控了齐国的政权。但这两位宗主无论是才能还是德行都无法与其父辈相提并论，他们平日里嗜酒如命，听信小人谗言，因此，齐国众臣对于两人的怨恨颇多。

公元前 532 年的一天，有人私下告诉田无宇，栾、高两人正在集结私兵准备在夜晚攻打田、鲍两家。由于离间两家关系不成，这两年来田无宇一直处于精神紧张的状态，担心被打击报复，他听到了这个消息反而平静了下来，与其每天提心吊胆，不如索性和他们正面交锋、一决高下。打定主意之后，他下令全体私兵立刻整备武装，然后亲自前往鲍国的府邸和他商议下一步的计划。

田无宇见到鲍国，发现他也正在厉兵秣马，于是说道：

"看来我们同时得到消息了。"

"是啊，没想到您还是先我一步啊，"鲍国试探着问道，"现在有一件棘手的事情，刚才派人打探消息，栾施和高强正在一起豪饮，并没有迹象表明要出兵攻打我们，是不是有人故意误导我们？"

田无宇听罢心中一惊，思考片刻之后接着说道："今天我们这么大的阵仗，即使立刻收手也定会被他们察觉。如今是箭在弦上不得不发，不如现在杀他个措手不及。"

鲍国听完点了点头，坚定地说："好，就这么办。"

就在田、鲍二人的私兵出发之时，两人兵变的消息传到了栾施和高强那里，兴致正浓的两人听完随从的耳语顿时酒意全无，他们立刻下令集结私兵，招呼家臣商议对策。

"对方蓄谋已久而我们仓皇应对，正面交锋恐怕未必能够取胜，我们应该去请求国君的支持，这样便可以名正言顺地讨伐他们。"高强此话一出，在场的众人纷纷表示赞同。

高强的建议本来是一个很完美的方案，但在执行的时候却遇到了麻烦。由于事情太过突然，他们没有机会和宫城内经常联络的内臣提前沟通，看到外面浩浩荡荡的私兵，齐景公以为是栾、高两家起兵谋反，立刻下令紧闭宫门、抵御反贼。

这样一来，栾、高两家立刻成了众矢之的，平日里就厌恶他们的众臣纷纷加入田、鲍的讨伐军。双方在临淄城中展开了一番激烈的巷战之后，失去朝臣和民众支持的栾施和高强败下阵来，迫不得已出逃到了鲁国。最终，田、鲍两家瓜分了他们的土地，在齐国政坛上刚刚崛起的栾、高两家就这样退出了历史舞台。

就在这一切尘埃落定的时候，晏婴前去拜访田无宇，经过一番促膝长谈，田无宇出人意料地把刚刚得到的栾、高两家的封邑全部上缴，除此之外还把自己的大部分土地送给了齐国的公族成员。一切安排妥当之后，田无宇正式申请退休，齐景公予以批准并且把高唐（今山东省高唐县东）赐给他养老。于是，田氏家族第五任宗主田无宇的故事结束了。

十九、新起点之前的尾声

对于晏婴和田无宇两人之间的谈话，《左传》中只是记载晏婴讲了一番关于"让"和"义"的大道理，但这些话怎么看都不至于让田无宇放弃现有的一切。而他为什么这么做呢？我们不妨来分析一下。

从齐桓公去世到田无宇隐退的这漫长的一百多年里，齐国一直处在动乱当中，这些内乱既有相同点也有不同之处。首先，五公子之乱是齐桓公的儿子们为了君位而发生的斗争；其次，崔杼弑君是君主和权臣之间的斗争；最后，庆封之乱以及田、鲍、栾、高四家之乱是权臣们之间的斗争。斗争双方的身份是不同的，但是斗争的目标却是一致的，那就是齐国的最高权力。

如果认真分析一下争夺权力者的身份，其实也能从中发现一些规律和趋势。首先，诸侯国的权力在不断地下移，执掌权柄的人从国君逐渐变为权臣。其次，开始有齐国公室以外的家族参与到了核心权力的争夺当中。

在我看来，这第二个结论就是田无宇主动选择隐退的重要原因。

在此之前，无论是五公子还是"二守"的国、高，以及后来的崔、庆、栾、高，不管他们怎么折腾，最终执掌权柄的人都姓"姜"，既然都是自家人，输和赢都比较容易接受。但自从田、鲍加入到了战局之后，齐国的核心权力就很有可能像晋国一样旁落到外姓人的手中，这是所有齐国公族都不能容忍的。

当田无宇成为胜利者的那一刻，才是危险的开始。而在公子季札的点拨下，作为非公族成员的晏婴早已对这其中的利害认识透彻，因此才会急匆匆地去劝说田无宇。虽然他们之间真正的谈话内容我们已经无从知晓，但是其结果十分明确，田无宇做出了看似匪夷所思却最为正确的选择，为了不被整个齐国公族群起而攻之，他果断放弃了栾、高的封邑，为了拉拢公族，田无宇还拿出了自己的土地赠送给他们。虽然，他也想带领田氏一族走向巅峰，但目前时机还远远未到，因此，振兴田氏的事情就交给自己的继任者来完成吧。

田无宇隐退之后，他的儿子田开继任田氏宗主，接下来田氏一族又会如何发展呢？请大家关注第二章——暗流涌动。

第二章

暗流涌动

一、炊鼻之战

虽然齐军发动了猛烈的进攻,但鲁国的将士丝毫没有胆怯,双方势均力敌,战事十分胶着。而站在战车上的田开一边环视着战场,一边紧紧地捏住箭尾随时准备攻击。突然,前方不远处晃动的敌方帅旗引起了田开的注意,待他观察并且确认了目标之后,便立刻命令车御向右前方飞奔过去。

田开和目标的距离越来越近,当他看清对方就是鲁军主帅那一刻,左手立即将拿着弓的手腕举到了眼前,同时右手迅速从箭壶中抽出那支紧紧捏住的箭顺势搭在了弓弦上。接下来,他只需要等待战车进入匀速状态的一瞬间,这支箭便会向对方射去。可就在田开屏气凝神的时候,突然感觉左边一股风奔着自己疾驰而来,他心中大叫一声"不好",但为时已晚,一支箭破风而出射中了田开的左手腕,鲜血顿时流了出来。

就在田开追赶鲁军主帅的同时,鲁卿季平子的家臣冉竖也盯上了他，就在他要搭弓射箭的时候，冉竖先发制人命中了目标。田开看了看插在自己手腕上的箭，又看了看箭射过来的方向，顿时勃然大怒，冲着冉竖破口大骂。得意洋洋的冉竖本打算乘胜追击，却被对方犀利的言辞所震慑，顿时脑中一片空白。受伤的田开已无心恋战，趁着冉竖迟疑的时候，快马加鞭离开了战场。

接下来，齐、鲁两军僵持了很久，但依旧没有分出胜负。最终，发生在公元前516年的炊鼻之战就这样结束了。

齐鲁两国为什么会发生这场战争呢？这和鲁国国君昭公有着密切的关系。由于"三桓"之一的季平子在鲁国独断专行，引起了国君以及其他家族的不满，于是在公元前517年，鲁昭公便联合臧氏、邱氏一起讨伐季平子，这本来是场胜券在握的行动，但出乎意料的是"三桓"的另外两家孟孙氏和叔孙氏公开支持季氏。最终，堂堂的一国之君输给了自己的大臣，迫不得已出逃到齐国。

看到狼狈不堪的鲁昭公前来投奔，齐景公自然是大喜过望，因为这是一个名正言顺地干涉鲁国内政的机会，在一切安顿妥当之后，齐景公在第二年派兵征讨鲁国。由于这次军事行动齐国并没有动用太多的兵力，而群龙无首的鲁国在"三桓"掌管之下依旧井然有序。因此，这场仗虽然打了起来，但齐国也没有占到什么便宜。

炊鼻之战无论从规模还是影响上来看，都不是重要的甚至是可以完全忽略的战役，但是这场战役却让田氏宗主田开有机会第一次在《左传》中亮相，也是唯一的一次亮相。从公元前532年到这场战役已经过去了十六年，而田氏一族的新任宗主却几乎没在史籍中留下什么痕迹，这不由得让我们再次去审视田无宇在隐退之前倾尽所有的捐赠，尽管他的举动让田氏家族在齐国政坛一落千丈，但或许正是这样才保全了田氏，让自己的家族在内乱不断的齐国生存了下来。

虽然作为宗主的田开一直默默无闻，但这个时期田氏家族还是出现了一位在《史记》中得以单独立传的人物，这个人就是大名鼎鼎的田穰苴。

二、司马穰苴

田穰苴看了看计时的木表和漏壶，转身向一旁的副将问道：

"时至正午，全军是否集结完毕？"

"只有监军庄贾未到。"副将小心翼翼地答道。

"立刻派人去监军府上通报。"田穰苴听后,面无表情地下达了命令。

庄贾是齐景公极为信任的宠臣,因此他并没有把田穰苴这位新任的主将放在眼里,尽管昨日已经接到今日正午全军集结的军令,可此时的庄贾仍在家中与送行的亲朋好友把酒言欢,即使军中多次派人前来催促,酒酣之中的他也丝毫不在意,只是对前来通报的人说道:

"本监军正与亲朋话别,请主将稍等片刻,我随后就到。"

得到回报的田穰苴依旧面无表情,继续巡视军营、发布命令、整备军队,等他一切都安排完毕之后,庄贾才晃晃悠悠地来到营地,而此时的天色已经逐渐暗了下来。

"监军既然知晓军令,为何迟迟不到?"田穰苴问道。

看到全军的气势与以往出征之前有着翻天覆地的变化,本来还满不在乎的庄贾不免心中一惊,忐忑地回答道:"亲朋好友知道今日出征,纷纷前来送行,所以耽搁了一会儿。"

"身为一名将士,接受任命就应舍其家,听到军令就应舍其亲,上阵杀敌就应舍其命。如今强敌入侵、国境不安、君主忧虑,百姓的安危就系于军队之上,监军却居然只沉迷于觥筹交错，丝毫不顾齐国的安危。"田穰苴一改方才平静的神态，厉声对庄贾说道。

庄贾听到斥责，酒醒了一大半，但恍惚之间却不知道如何应对，只是尴尬地支吾道："这，这……"

田穰苴没等他说完便向副将大声问道："监军明知军令却故意耽搁，按照军法该如何处置。"

"依律当斩。"副将答道。

庄贾脸上显露出恐惧的神色，虽然他让随从立刻向国君求救，但为时已晚。田穰苴看了看浑身颤抖的庄贾，坚定地发出了命令："军法如山，行刑！"

初为主将的田穰苴第一次亮相，就将曾经恃宠骄横、不可一世的庄贾枭首示众，彻底震慑了全军。与此同时，正在入侵齐国的晋、燕两军的将领听说田穰苴治军有方，觉得继续扩大战果的难度变大，于是决定见好就收、班师回朝。田穰苴趁此机会主动出击，收复了齐国失去的全部领土。

当凯旋的将士们回到临淄的时候，齐景公率领文武百官出城迎接，然后直接任命田穰苴为大司马。因此，史书中更多地称呼他为司马穰苴。

三、鞠躬尽瘁

公元前529年,也就是田无宇隐退后的第四年,晋昭公举行平丘(今河南省封丘县东)会盟,这次会盟晋国倾全国之力出动了兵车四千乘,意欲在晋国风雨飘摇之际彰显一下其霸主地位。诸侯们见状纷纷响应,但出人意料的是,齐景公居然不准备参加。虽然晋、齐两国一直矛盾重重,但双方因为不愿意大打出手,所以在表面上还是保持着友好的关系,而这一次齐国的无故缺席无疑是对晋国的公然挑衅,因此,晋昭公立刻派遣名臣叔向前往齐国进行责问。

"诸侯皆已参加会盟,为何君上迟迟没有出发?"叔向开门见山地问道。

"只有诸侯背叛盟约,需要被惩处的时候才要召开会盟,如今天下太平,贵君为何劳师动众啊?"齐景公反问道。

叔向对齐景公的回答显然是早有预料,于是不假思索地回答道:"国家的衰落在于对内失去了威严,对外失去了礼仪,对神失去了信义,重新会盟就是学习天子的制度,明确诸侯的职责,从而避免败亡。寡君作为盟主,唯恐失职,所以才殚精竭虑地召开这次会盟。诸侯们都尊重盟主并且及时参加,为什么齐国偏偏要打破常规呢?"

看到叔向态度强硬,齐景公颇为胆怯,思虑再三之后还是决定参加会盟。虽然这次会盟举办得很成功,但是晋国实力大不如前是不争的事实。在随后的几年里,一直想有所作为的齐景公不断地进攻周边的诸侯。在这样的背景下,晏婴独具慧眼,把身为田氏庶子的田穰苴推荐给齐景公。齐景公对他的才能早有耳闻,再加上晏婴的推荐,便立刻任命其为将军领兵出征,于是就有了上一篇田穰苴铁腕治军并且旗开得胜的故事。接下来,齐国在对外的战争中不断胜利,军力也有了迅速的提升,虽然目前还无法和晋国正面对抗,但周边的诸侯再也不敢轻易地挑衅齐国了。

有了相对宽松的周边环境和稳定的国内局势,齐景公心满意足,一日酒酣之时便想到与功臣们畅谈一番。首先,他来到了晏婴的府上。

听到国君前来,晏婴立刻换上朝服出门迎接,刚一见到齐景公就急切地问道:"君上深夜造访所为何事?是诸侯发生了变故?还是国内发生了变故?"

"晏大夫不用担心,寡人只是想和你一起分享美酒和音乐。"齐景公略带醉意地说道。

听到此处,晏婴眉头一皱,说道:"臣的职责是替君上管理内政,至于美酒和音乐,还是请专人陪同您吧。"

看晏婴拒绝自己,齐景公有些扫兴,接着来到了田穰苴的住处。得到通报后,田穰苴立刻披上铠甲、拿起武器,然后着急地问道:"君上深夜前来,是有敌军前来?还是有大臣谋反?"

"大司马不用担心,寡人只是想和你一起分享美酒和音乐。"齐景公依旧略带醉意地说道。

田穰苴听罢,刚才紧张的神色逐渐放松了下来,然后严肃地说道:"臣的职责是替君上上阵杀敌、平定内乱,至于美酒和音乐,还是请专人陪同您吧。"

听到田穰苴说出了和晏婴几乎同样的话,齐景公无奈地摇了摇头离开了,接下来他前往大臣梁丘据的家。这一次,他没有再吃闭门羹,而是得到了隆重的接待。看着梁丘据一边唱歌一边陪自己饮酒,心满意足的齐景公不禁感叹道:"如果没有晏婴和田穰苴殚精竭虑为寡人分忧,恐怕寡人也不能在此处纵情豪饮啊。"

由于田穰苴深受信任和重用,田氏一族在齐国的地位也有所提高,这样一来便遭到了不少人的嫉恨。田无宇隐退之后,身为"二守"的国、高两家再次受到重用,两家为了将权力牢牢掌握在自己手中,自然是不遗余力地打压曾经显赫一时的田氏。而此时,田氏的铁杆盟友鲍氏也果断倒戈，加入了国、高的阵营。最终，在他们不断的中伤和诬陷下，齐景公解除了田穰苴的所有职务，这位极有可能中兴齐国的名将没有战死沙场，却病死在同僚的谗言之中。

田穰苴死后，刚刚走上正轨的田氏一族再次遭到了沉重的打击。此时，田开已经去世，但因为没有继承人的缘故，便由他的弟弟田乞接任田氏宗主，就在我们期待这位新任宗主将如何领导田氏一族的时候，齐国内部发生了一件重要的事情——贤臣晏婴去世了。

四、晏婴去世

公元前500年，正在外地游玩的齐景公得到晏婴病危的消息后大惊失色，立刻停止了一切活动，火速赶回临淄。一路上，心急如焚的齐景公觉得驭者技术太差而亲自驾车。但遗憾的是，当他跌跌撞撞回到都城的时候，一代名臣晏婴已经离开了人世，看到平日里常伴其侧的晏婴如今静静地躺在那里，年事已高的齐景公忍不住放声痛哭，抱着他的尸体大声说道："先生不断地进谏，<u>丝毫不留情面</u>，寡人尚且骄奢淫逸，不知道收敛，让百姓痛恨。如今是上天要惩罚齐国，才让先生撒手人寰，从此再也不会有人指出寡人的过失了，江山社稷危在旦夕矣。"

从第一章的开篇起始,晏婴就一直与我们相伴,在经历了齐灵公、齐庄公和齐景公三位国君以及一章多的篇幅后,他终于要和我们说再见了。

齐景公那段肺腑之言道出了晏婴最大的功绩,那就是不断地指出君王的过失。纵观晏婴的一生,他没有执掌过齐国的国政,也没有让晏氏成为像国、高、崔、庆那样权倾朝野的大家族。从硬实力来看似乎有那么一点欠缺,但在晏婴看来这些并不是最重要的。他的心中有一套完整的如何为人臣的价值标准,他把这些当成自己的信念并用一生去坚守。正因为如此,面对威逼他丝毫不会屈服,面对利诱他丝毫不会妥协,面对权力他丝毫不会贪恋,面对财富他也丝毫不会不舍。他所有的坚守都为了一个目标,那就是让齐国强大起来。所以,看到公子季札不吝赐教他就虚心接受,看到崔、庆二人祸国殃民他就厉声斥责,看到田氏一族爱惜百姓他就大加赞赏,看到国君荒于政务他就不断进谏,而他所有的举动无一不是在践行自己的理想和信念。

在历史中,有太多的政治人物都是以其权术和手腕成为我们关注的焦点,虽然他们的谋划和算计非常精妙,但却令人觉得冰冷和遥远。而每每读起晏婴的故事,我总觉得他就是自己身边的一位师长,既真诚又亲切。他的每一句进言不仅影响了当世的君臣,同样也会影响到千年之后的我们,这或许就是晏婴独特的个人魅力吧。他的一生虽然没有给齐国带来巨大的变革,但他的存在就像一面镜子,让齐国君臣始终注视和矫正着自身的一言一行。

虽然我在本书中对晏婴的记叙已经结束,但史籍中关于晏婴的记载还有很多,诸位若是有兴趣可以翻看《晏子春秋》,我们最为熟悉的"晏子使楚"的故事就是出自于此。

晏婴去世后没多久,晋国爆发了内乱,齐国再次插手晋国的内部事务,这又是怎么一回事呢?

五、范、中行氏之乱

公元前497年,晋国的赵鞅和邯郸午兵戎相见。赵鞅是赵氏的宗主,邯郸氏虽然是赵氏的一个分支,但随着时间的推移,在晋国也颇有势力,因此这是一场赵氏家族内部的斗争。可由于晋国内部关系错综复杂,一下子把其他有权势的家族都拉了进来。当时晋国的六卿是中军将智跞、中军佐赵鞅、上军将中行寅、上军佐韩不信、下军将魏曼多、下军佐范吉射。因为邯郸午是中行寅的外甥,中行寅的儿子娶了范吉射的女儿,两家便公开支持邯郸氏。有了他们的支持,赵鞅无力抗衡,于是败下阵来。眼看赵氏危在旦夕,韩、魏两家选择支持赵氏,而正卿智跞也想除掉范、中行两家,于是联合韩、魏两家出兵相助。由于这三家的加入,形势发生了逆转,最终范氏、中行氏兵败,逃往自己的封地朝歌(今河南省淇县)。

"听闻范氏、中行氏已经派出使者向我国求救,君上是否给予支持?"田乞试探着问道。

"寡人近来也一直思虑此事,不知道田大夫有什么建议?"齐景公没有立刻表明态度。

"长久以来,齐晋两国虽然关系紧张,但范氏、中行氏一直和齐国保持着亲密的关系,与我们互通有无。现如今两家有难,于情于理都应该伸出援手。"田乞回答道。

齐景公点了点头,接着说道:"寡人也有此意,只不过这两家迟早要败,赵氏如果秋后算账,齐国恐怕要陷入困境。"

"正因为两家处于弱势,所以更应该全力支持。"田乞微笑着说道。

"田大夫此话何意啊?"齐景公不解地问道。

"晋国发生内乱,这是我们最愿意看到的,所以持续时间越久,斗争越惨烈,对于晋国的损耗越大。就算范氏和中行氏最终落败,其他几家也必定元气大伤,而且到那时纷纷忙于瓜分两家,肯定不愿意对外作战。因此,齐国此时若是助一把力,是最好的打击晋国的手段。"田乞说道。

齐景公听到此处,眼前一亮,果断地点了点头。

田乞的建议看似是为了齐国,但其实也有他自己的打算。齐国已经经历了一段和平时期,在这样的环境下,执掌国政的国、高两家只会不断蚕食其他家族。而此时,只要参与到了晋国的内乱当中,无论结果如何,都会把局面彻底搅乱,如果晋国最终出兵攻打齐国,反而对田氏一族更加有利。所以,田乞抓住齐景公一直以来都想打击晋国、恢复桓公霸业的心理,希望借他的手打破现状。而局势的发展正如田乞所愿,他成功了。

公元前496年,赵鞅率军包围朝歌,就在两家命悬一线的时候,齐国联合宋、卫、郑、鲁等国组成了反晋联盟,公开支持范氏和中行氏。正是由于他们的支持,晋国本应该早就结束的内乱又持续了下去,经过多方的拉锯,公元前490年,赵鞅攻破了两家仅剩的城池,最终，范吉射、中行寅出逃齐国。这场持续长达八年的范氏、中行氏之乱到此终于结束了。

就在晋国的内乱结束的时刻，齐景公身患重病即将辞世了，接下来齐国的朝局又会发生什么样的变化呢？

六、孺子牛

奄奄一息的齐景公躺在病榻上，过去的点点滴滴不断地在眼前浮现，即便是之前已经淡忘的人物和情景，如今也显得如此的清晰和真实。晏婴、田无宇、崔杼、庆封以及其他提前离去的人们都在和他亲切地交谈，虽然他完全不知道对方在说什么，但仅仅是凝视着他们，就像回到了从前。景公脸上露出了笑容，在他看来已经没什么值得牵挂了。恍惚中，他看到一位伏在地上的老翁，口中衔着绳子。绳子的另一端攥在一个幼童的手中，幼童一边走老翁一边爬。走着走着，幼童不知被什么东西绊了一下突然摔倒在地，由于他没有松开手中的绳子，老翁的牙齿被拉掉了几颗。可老翁对自己毫不在意，而是立刻前去询问幼童是否摔伤。

看到这里，齐景公从迷离的状态中惊醒过来，因为这个老翁就是自己，幼童就是自己的儿子公子荼，而这个场景也是实实在在发生过的。回到现实中的齐景公突然意识到自己还没有确立继承人，挣扎了许久，他才缓缓地把眼睛睁开。望着众大臣急切的目光，景公虚弱地说："立公子荼为太子，国夏、高张为辅政大臣。"

在用尽最后一丝力气说完这句话之后，执政长达五十八年的齐景公与世长辞。

齐景公是齐国历史上执政时间最长的国君，在他执政期间，齐国的内部逐渐从混乱走向了稳定，从斗争走向了和平。纵使当年不可一世的国、高、崔、庆、田、鲍等世家大族也在他的不断打压下被迫退出了舞台。纵观整个春秋中后期，能做到掌控朝局的国君屈指可数。而在对外方面，齐景公一直以来的目标都是要恢复齐桓公时期的霸业。齐国在保持着对周边国家的威慑的同时，并不甘心对晋国俯首帖耳，虽然一次次的尝试并没有达到预期的效果，但是景公在垂垂老矣之时，还能利用晋国的内乱成功地组织起反晋联盟，让多年默默无闻的齐国再次成为中原大地上的焦点。

虽然景公贪图享乐、生活奢靡被后人口诛笔伐，但纵观齐景公一生的执政，用"中兴"这个词来评价也毫不为过。但我们也应该看到，这个"中兴"仅仅只是针对于齐国，如果纵观天下，齐国仍旧是那个曾经登上巅峰、如今却已没落的诸侯。

齐景公死后，年幼的公子荼继承君位。虽然有国夏和高张的辅佐，但面对这位初出茅庐的新君，退居幕后的卿大夫们再也不用极力掩饰自己的野心，于是纷纷撕下"忠臣"的面具，准备再次登上那个曾经属于他们的舞台。

七、达成共识

"田大夫，如今先君去世，少主即位，朝政牢牢地掌握在国夏和高张的手中，也不知道今后的局势将会如何发展。"鲍氏族长鲍牧有些忧虑地跟田乞说道。

"鲍氏素与二守过从甚密，他们二人执掌朝政明明是一件好事，不知道您为何担忧？"田乞不动声色地说道。

"司马穰苴的事情，我们鲍氏确实也有责任，但也是迫于国、高的压力……"

听到这里，田乞立刻摆了摆手打断鲍牧，接着说道："朝堂的形势瞬息万变，崔、庆当权的时候也想不到这么快就会灭亡，国、高被打压的时候也想不到这么快就会东山再起，您不必纠结于曾经的顺势而为。"

"田大夫果然深明大义。"鲍牧看田乞如此态度，心中暗自松了一口气。

"不过我还是有一件事想请教一下您。"田乞问道。

"哦？田大夫请问。"鲍牧答道。

"既然您能和我说出对于国、高当权的忧虑，想必是要联合田氏扳倒二守。现在的局势还不明朗，您为什么这么着急对他们动手？"田乞毫不犹豫地问道。

鲍牧听罢有些吃惊，他没想到田乞问得这么直接，既然对方把话说到了这个地步，鲍牧便不再隐瞒，于是说道："当初您父亲的突然隐退，其实给了鲍氏一个天大的机会，但我们没能抓住这个机会执掌朝政，权力再次回到了国、高两家的手中。造成这样的局面有鲍氏的原因，但另外也是由于先君不愿意看到齐国再次出现一家独大的局面。如今先君去世，主少国疑，齐国又要重新洗牌，有能力参与其中的世家大族蠢蠢欲动，即使鲍氏想独善其身，也免不了卷入即将来临的风波。既然如此，倒不如先发制人，打他个措手不及。"

田乞听罢若有所思地点了点头，接着问道："您为什么要选择田氏？"

"哪怕在政坛失势、遭受排挤，田氏家族也不忘施惠于民，要说齐国朝堂最有野心的人，非田大夫莫属吧。"鲍牧看着田乞缓缓地说道。

田乞看了看对方，依旧不动声色，过了片刻他继续问道："您的最终目的只是扳倒国、高吗？"

鲍牧听到此话突然一惊，有些忐忑地问道："田大夫难道是要另立新……"

"您多虑了,"田乞立刻打断对方道,"我只是怕您事成之后再对田氏下手。"

虽然田乞的回答合乎情理,但鲍牧忽然有了一种不祥的预感,一时间竟不知道该如何将谈话继续下去。田乞见状便微笑着说道:

"田、鲍两家亲如手足,既然您如此深谋远虑,田乞愿化干戈为玉帛,全力支持鲍氏。"

八、试探态度

"田氏一族在齐国地位显赫,田大夫不用如此恭敬。"国夏有些不屑地对田乞说道。

田乞低着头小声说道:"田氏一族始终不敢忘记羁旅之臣的身份,如今能与国、高两卿共乘一车,实属荣幸。"

"每日上朝之前,田大夫都特意等候与我们一同前往,是有什么事情与我们商议吗?"高张对田乞恭维的话有些反感。

"如今先君薨逝,少主即位,两卿虽是辅政大臣,但朝堂之上暗流涌动,不少大夫对如今的朝局并不满意,其中不乏一些激进之人打算联络在外的公子图谋不轨。"

田乞依旧低着头说道。

"说到寄居他国的公子,我突然想起公子阳生与田大夫素来交好,不知道近日里你们是否谋面?"国夏突然问道。

田乞听到对方把话题转向自己,不免心中一惊,急忙解释道:"自从先君为了朝局的稳定将诸位公子派遣到别国,我便与他们再无联络。"

"抛开这个不谈,"高张把话接了过来,"田大夫方才提到朝臣们私下议论纷纷,看来您最近与诸位大夫交往甚多啊。"

"两卿自从开始辅政,自然成了孤家寡人,大夫们之间无论是否刻意,都会彼此联络并且疏远你们。"田乞的态度虽然依旧恭敬,但话中已经开始有了攻击的意味。

"哦?那田大夫为什么要在众目睽睽之下与我们共乘一车。"国夏接着问道。

"这就是刚才我正想说却被国卿打断的问题。"田乞忽然抬起头,盯住了国夏。

国夏看了看田乞的眼神,傲慢的神态顿时全无,为了掩饰内心的尴尬,他赶忙说道:"请田大夫指点一二。"

"先君一生擅于平衡之术,各大家族虽然在朝堂之上起起伏伏,但始终未能独占鳌头。如今新君年幼,两卿突然得势,必然会让诸大夫心存疑虑。接下来朝局到底是会如往日一般平静,还是要彼此分出个胜负,恐怕是大家最关心却又揣摩不透的问题。"说到这里,田乞故意停顿了一下。

"如今的形势我们也难以看得透,请田大夫继续讲下去。"高张说道。

"维持往日的平衡已是绝不可能了。两卿身居高位自然不愿再生事端,可诸大夫并不甘心听从摆布。在我看来,双方必然要有一战。既然如此,不如早做打算。"田乞直接抛出了自己的观点。

高张听罢点了点头,接着反问道:"这么看来,田大夫是要站在我们这边了?"

"田乞愿为两卿打探消息,若有异动,一定立刻来报。"田乞坚决地说。

国夏和高张点了点头,默认了田乞的做法。

九、计略已定

"田大夫每日都与国夏、高张一同上朝,是否打探到什么消息?"鲍牧向田乞问道。

"虽然我不断地挑拨他们和朝臣之间的关系,但看二人的态度并不打算主动出击。"田乞说道。

"田大夫行事确实果断,不过幸亏二人犹豫不决,不然他们的第一个目标有可能就是我们鲍氏。"鲍牧忧心忡忡地说道。

"您多虑了，国、张二人自从辅政之后相当谨慎，就算要出手也不会贸然行动，一定还是以试探为主。鲍氏目前地位显赫，他们应该不会一上来就打您的主意。"田乞微微一笑。

鲍牧擦了擦头上的汗，接着问道："国、高二人最近有什么异动吗？"

"表面上与往日并无二致，但私下就难以揣摩了。"田乞的话有些模棱两可。

鲍牧点了点头，没有说什么。

"我已经跟国、高二人承诺要打探群臣对于他们的态度，在向他们汇报之前，您有什么打算？"田乞主动地问道。

"田大夫准备和他们说些什么呢？"鲍牧没有回答田乞的问题，而是反问道。

"我根本就没有思考要去说什么。"田乞回答。

"哦？"鲍牧有些疑惑。

"您难道不想趁着他们摇摆不定的大好时机发难吗？"田乞看了看鲍牧缓缓说道。

鲍牧沉思了片刻，接着说："这确实是个大好的机会，不知道田大夫有什么计划吗？"

"你我二人此刻就去游说群臣,争取把平日里和国、高二人有嫌隙的大夫们全都拉拢过来。"田乞说道。

"这些事情我在暗中一直不断运作着,此刻通知他们一声就行,只是不知道田大夫计划如何行动?"鲍牧问道。

"各家的私兵集结完毕之后,立刻包围公宫。"田乞说道。

鲍牧大吃一惊,然后问道:"我们的目标不是国、高吗?为什么要围困新君?"

田乞料到鲍牧会这么问,于是不慌不忙地回答道:"国、高的府邸戒备森严,纵使我们用尽全力也不能保证大获全胜,一旦双方拉锯起来,他们一定会通知新君,给我们安上谋反的罪名。为了避免不必要的麻烦,我们应该抢先一步控制国君,国夏、高张一定会领兵救援,这样我们再把公宫作为据点以逸待劳,胜算会大大提高。"

"好,就按田大夫的计划行事。"鲍牧眼中流露出兴奋的目光,然后果断地说道。

十、悼公即位

公元前489年,田乞、鲍牧以及被他们拉拢过来的卿大夫们率领私兵浩浩荡荡地包围了新君的公宫。国夏、高张听闻消息后大惊失色,于是急忙前去救援。双方之间大规模的武装冲突在都城临淄爆发了。

起初,国、高二人虽然有些出乎意料,但毕竟重兵在握,也没有太重视这场政变。但激斗开始之后,由于巷战的缘故,两人所率领的部队的战斗力无法得到有效的发挥。还有最致命的一点是,平日里田氏一族深得民心,曾经受过恩惠的百姓纷纷选择帮助田乞,主动攻击国夏和高张。正是有了民众的加入,一直较为平衡的局势立刻发生逆转。最终,陷入到与民为敌境况的国、高二人败下阵来,迫不得已只得与其同党晏圉(晏婴之子)、弦施出逃到了鲁国。

看着正在激动欢呼的鲍牧,田乞的脸上显现出一丝带有恶意的微笑,他目光坚定地看了看远方,随后又低下头,默默念道:"父亲、兄长、大司马,那些曾经背叛、欺辱过我们的人一定会付出惨痛的代价。"

除掉了国、高两家以后,田、鲍二人把控了齐国的朝政,同年十月的一天,田乞以有重要的事情需要商议为由突然召集群臣。

"先君去世之后,齐国的朝局一直动荡不安,新君年幼,恐怕难以肩负起一国之君的重任。"田乞一上来就直接亮明态度。

此言一出,朝堂上一片哗然,大家交头接耳、议论纷纷,虽然目光都望着田乞,但始终没有人站出来说话。看到众臣的反应,田乞满意地点了点头,一边将站在他身后的公子阳生请了出来,一边对众臣大声说道:

"我提议由公子阳生继承君位。"

大家看了看公子阳生,又看了看田乞,最终又把目光转向了鲍牧。此时的鲍牧正处于醉酒的状态,根本不知道发生了什么。但他的家臣鲍点看到如此局面,不得不硬着头皮说道:

"先君尸骨未寒就要另立新君,田大夫是何居心?"

田乞看了看鲍点,又看了看鲍牧,便笑着说道:"这是你家主人的主意。"

此话一出,刚刚还酩酊大醉的鲍牧顿时吓得酒也醒了,赶忙说道:"田大夫难道忘了先君孺子牛的事情了?我怎么可能做出违背先君意志的事情?"

看到鲍牧表明了态度,众臣纷纷点头,一旁的公子阳生见情况有变,立刻上前一步向鲍牧叩首道:"您是一位以道德为准则的直臣,如果我当上了国君,一定会对您恭敬有加,倘若没有如愿,想必您也不会杀了我吧?无论最终的结果如何,千万不要因此而发生争端和混乱。"

田乞虽然没有说话,但目光却盯着鲍牧。鲍牧犹豫了一会儿，赶忙扶起了公子阳生，笑着对他说："都是先君的儿子，谁当国君都一样。"

鲍牧此话一出，众人也不好再说什么。刚刚即位没多久的公子荼被废，公子阳生成为齐国的国君，史称"齐悼公"。

十一、凶相毕露

"多亏田大夫相助，不然寡人也无法如此顺利地继承君位。"齐悼公虽然言语客气，但观其态度，并无丝毫的感恩之意。

田乞看在眼里，心中不免有些紧张，小心地应答道："是上天在眷顾君上，臣只是顺应天意。"

齐悼公微微一笑，接着说道："田大夫觉得一国之君和普通的器物有什么区别吗？"

田乞被这样的问话弄得摸不着头脑，只好回答："臣实在是无法将两者联系在一起，请君上明示。"

"普通的器物如果喜欢，只要金钱足够，无论多少都可以尽情拥有。但国君不一样，一个国家只能拥有一个国君。"齐悼公继续笑着说道。

田乞听罢赶紧回答道："如今的齐国只有一位国君啊！由于先君的喜爱，公子荼才有机会被立为君，可如今先君已逝，国人爱戴您而抛弃他，这是顺理成章的事情，君上何必还要忌惮他？"

"公子荼毕竟曾为国君，只要他还在，寡人的确有些寝食难安。"齐悼公缓缓地说道。

田乞听到这里点了点头，但没有继续说下去。对此他并不感到意外，公子荼被除掉也是迟早的事情，可齐悼公接下来的话完全出乎了田乞的意料。

"方才田大夫说寡人是因为深受国人爱戴才顺利即位的，但寡人不太赞同，恐怕是因为国人爱戴田大夫，碰巧田大夫又支持寡人，才有今天这个局面吧？"

齐悼公的话说到这里，田乞才突然明白，原来国君绕了这么大一个弯子，目标竟然是自己。

"臣与君上相知多年，可君上却对臣如此不信任。当初先君去世，齐国外有强敌环伺，内有世家大族虎视眈眈，初登君位的公子荼无法理政，作为执政卿的国、高二人重私利而忘公义。此时，满朝文武都期待一个年长而又充满智慧的国君力挽狂澜。臣下顺应天意民心将君上迎回，不知道为何反受您的猜忌。公子荼只是年幼，但他又有什么错呢？早知道如此，臣随波逐流即可，何必给自己招来这些祸事。"田乞言辞激烈，一方面的确出于愤怒，而另一方面也是放手一搏，想通过这种方式打消悼公的猜忌。

看到田乞目光坚定、态度强硬，齐悼公也觉得自己有些过分，于是赶紧上前拉住田乞的手，君臣两人这一场激烈的交锋终于落下了帷幕。

不久，齐悼公便派人杀掉了公子荼，但他依然没有放弃对群臣的猜忌。打消了对田乞的疑虑之后，齐悼公又把目光转向了下一个目标——鲍牧。

十二、鲍牧被杀

连竭力拥立悼公的田乞都被无端猜忌，鲍牧听到这个消息后非常紧张，齐国的这位新君自即位以来一反当初的温文尔雅，其刚愎自用而且心狠毒辣，每每回忆起当初自己站出来反对废掉公子荼的场景，鲍牧就战战兢兢、茶饭不思，总担心自己哪天一不留神就被国君除掉了。日子一天天地过去，他的心情也一天比一天沉重。终于，实在承受不住煎熬的鲍牧决定先发制人，打算趁着新君立足未稳之际发动政变。虽然他不断地游说悼公的各位兄弟，暗示或者明示他们要改立新君，但结果并不理想，不仅没人加入他的队伍，而且他的举动很快便被齐悼公发现了。

"知道寡人今日单独请您过来所为何事吗？"齐悼公

盯着鲍牧,面无表情地说。

"臣不知,请君上明示。"鲍牧低着头,不安地说道。

"有人在寡人面前说您的坏话,说您要改立新君。"悼公丝毫不掩饰。

鲍牧听完扑通一声跪倒在地,虽然心中慌乱无比,但仍然强装镇定地说道:"臣虽然当初反对过废掉公子荼,但那是出于公义而非私心。既然臣决定跟随君上,又怎么会谋逆呢?请君上不要听信小人的谗言。"

齐悼公听罢微微一笑,一边上前搀扶一边说道:"鲍氏一族是齐国的柱石,寡人自是不信那些流言蜚语。"

鲍牧听到国君这么说,心情稍稍有些平复,但齐悼公接下来说的话又让鲍牧紧张了起来。

"但是,此事毕竟传得沸沸扬扬。寡人也须做做表面文章,简单地调查调查。"

"请君上明鉴。"鲍牧有些不知所措。

"为了避嫌,请您前往都城郊外的潞地住上一段时间,暂时避避风头。"齐悼公说道。

"谨遵君上的旨意。"鲍牧赶紧回答道。

"寡人是这么考虑的,您走的时候悄悄地带上一半家产,如果调查结果对您不利,您就赶紧出逃。如果证明是诬陷,您再回到临淄。"悼公说道。

"臣绝无谋逆之心,可以在都城等候君上发落。"鲍牧虽然嘴上强撑，但心里早就想逃之夭夭了。

"这些举措是为了堵住众臣的嘴，至于其中缘由，我们君臣知晓即可。"悼公话说得很温和，但目光却很严厉。

事已至此，鲍牧只能勉强地点了点头。刚一离开公宫，他就立刻命人收拾行装准备连夜逃离都城。其实鲍氏一族在临淄的根基很深，人脉甚广，私兵众多，如果想在这里拿下鲍牧，恐怕也不是轻而易举的事情，但六神无主的鲍牧并没有想清楚这一点，而是乖乖地钻进了齐悼公所设的圈套。等鲍牧一出城，齐悼公派出的心腹便跟随其后，到了潞地之后就立刻将他杀掉。自此，刚刚走上台前的鲍氏一族被迫退居幕后，而即位不久的齐悼公也因为鲍牧的死，在齐国站稳了脚跟。

十三、杀身之祸

国君之位坐稳了之后，齐悼公想起了身在鲁国的季姬。当年齐景公为了给公子荼清除障碍，就将可能会威胁君权的公子们全部遣送出境，其中的悼公也就是公子阳生被迫前往鲁国。来到鲁国之后，季孙氏的宗主季康子和他相聊甚欢，激动之余便把自己的妹妹季姬许配给了他。后来田乞打算改立新君，于是派人接回了公子阳生,但季姬仍旧留在鲁国。如今朝局已定,齐悼公便赶紧派人前往鲁国把夫人接回齐国。

可能离别的时间太久,寂寞难耐的季姬此时已经和自己的叔叔季鲂侯斯混在了一起,季康子知道以后颇为为难,万一这位新任的国君知晓了此事,这件丑闻很有可能成为影响两国邦交的政治事件。思前想后,季康子决定把这件事往后放一放,说不定齐君另有新欢之后就把自己的妹妹给忘了。但事实证明齐悼公对季姬用情颇深,不明真相的他以为对方故意刁难自己,于是立刻出兵进攻鲁国。

季康子看到齐悼公为了自己的妹妹竟然不惜兵戎相见,赶紧派人把季姬送到了齐国。夫妻团聚之后,齐悼公大喜,不仅立刻撤回了军队,甚至还把曾经占领的鲁国的土地送还了回去。剧情进行到这里,本来是一个皆大欢喜的结局,可偏偏出现了意外。齐悼公出兵伐鲁的时候邀请了吴国,如今吴军还没来得及出兵,战争就结束了,按照常理,齐悼公派人去吴国说明情况也就了事了,但吴王夫差得到消息之后大怒,对前来送信的齐国使者破口大骂:

"寡人是看在贵君诚心相邀的分上才倾力相助。如今吴军上下厉兵秣马,贵君却与鲁国握手言和,这样做是不是太儿戏了?既然如此,寡人决定亲率三军前往齐国,去问问贵君到底意欲如何！"

吴王夫差为何如此动怒？仅仅是因为被戏耍一番吗？答案当然是否定的。我在前作《解晋》中提到过，夫差击溃越国之后便和伍子胥在日后的战略方向上产生了严重的分歧，伍子胥认为应该稳固后方，待彻底消除了越国和楚国的隐患后再图北上。但夫差却没有把楚、越两国放在眼里，认为此时就应该北上扫平齐、鲁，进而和晋国争霸。如今齐国邀请吴国进攻鲁国，这对他来说简直是天赐的良机，可精心准备之后齐国竟然派使者前来取消出兵，计划泡汤，夫差自然大为恼火。不过虽然失去了借口，但他并不打算放弃北上，既然不能名正言顺地进攻鲁国，那就趁势进攻齐国吧。

公元前485年，吴王夫差联合鲁国、邾国、郯国共同进攻齐国。听到兵临城下的消息，这位对内刻薄寡恩、对外引火上身的国君才发现惹恼了齐国几乎所有的世家大族，愤怒的卿大夫们不约而同地带着自家的私兵冲进了宫中。最终，担任国君仅仅四年的齐悼公当场被杀。

十四、祸不单行

齐国的卿大夫们杀死国君，一方面是出于自保，按照齐悼公怀疑谁就处死谁的趋势发展下去,鲍牧就是大多数人的下场,但更迫切的动机是想让夫差趁此退兵,毕竟吴国目前的实力已经可以和晋国比肩,一旦开战恐怕很难有胜算。既然吴国伐齐是因为悼公的出尔反尔,那就把罪魁祸首除掉。但齐国的众臣把事情想得太简单了,上文提到过,吴王夫差出兵齐国的真正目的是为了霸业,有理由要打,没有理由创造理由也要打。得知齐悼公已死,夫差没有退兵,而是很快又找到一个伐齐的理由,那就是要为死去的齐悼公报仇。有了这个看似名正言顺的借口,他一边下令让联军大哭三天表示哀悼,另一方面派遣大夫徐承作为先锋,率领军队从海上进攻齐国。

吴王夫差的举动显然出乎了齐国众臣的预料,但如此一来,身处绝境的卿大夫们反而齐心合力、众志成城,群龙无首的齐国竟然在各大家族的通力合作下打败了吴国的这支先锋军,这让本以为会旗开得胜的吴王大跌眼镜,思虑再三,夫差忍痛取消了这次北上伐齐的行动。

吴军退兵的消息传到临淄,齐国上下一片欢腾,但他们还没来得及松上一口气,晋国正卿赵鞅突然对齐国发动了进攻,而这一次,齐国再也无力抵挡。但幸运的是,晋国在这次军事行动中并没有投入太多的兵力,在占取了犁地(今山东省临邑县西)和辕地(今山东省禹城市西北），拆毁了高唐（今山东省禹城市西南）的外城之后就鸣金收兵了，而晋军的撤退让突遭祸乱的齐国最终安定了下来。

国不可一日无君，危机解除以后，卿大夫们共同拥立了齐悼公之子公子壬为君，史称"齐简公"。

如果不是吴、晋两国接连对齐出兵，田氏一族将会顺理成章地接替国、高两家执掌朝政。但这突如其来的变化把齐国的政局搅得天翻地覆，在如此混乱的局面下，国、高两家的新一任宗主国书（国夏的儿子）和高无丕（高张的儿子）夺回了曾经属于自己的权力，齐国政坛上再一次形成了国君与二守联手主政的局面。

待一切都稳定了之后，公元前484年，为了报复鲁国协助吴国伐齐，齐简公发布命令，派遣国书、高无丕率军攻鲁。

十五、无功而返

"齐军目前已经进入境内并且向曲阜方向奔袭而来，现在我们该如何应对？"季康子得到消息之后便急忙向冉有询问。

"请孟孙氏和叔孙氏其中一家留守国都，其余两家与国君一同奔赴前线抵御齐军。"冉有不假思索地回答道。

季康子听完沉吟了一下，一边摇头一边对冉有说："这样恐怕不行，如果此时国君以及两家都不在曲阜，那么留守的一家很可能会趁机夺权。"

冉有听罢点了点头，思考片刻之后接着说道："我们把战线缩短，将交战的地点改在都城之外，再请孟孙氏和叔孙氏一同抵御齐军。"

"只怕两家未必会积极参战。"季康子有些无奈地说道。

"如今鲁国的朝政掌握在您的手中，他们不愿参与也在情理之中，但大敌当前，还请您向他们痛陈利弊。即便是不成功，季孙氏私兵的数量也并不比这次出动的齐军少，我们倾尽全力背城一战，还是有一定胜算的。"冉有对季康子说。

"好，就这么办，我现在就去游说两家宗主。"季康子一边点头一边说。

冉有，孔子的弟子，孔门七十二贤之一，孔子对他处理政务的能力赞誉有加，因为名声在外，季孙氏的宗主季康子主动请他来担任家宰。当时的鲁国，国君早已被架空，执政大权牢牢地掌握在季孙氏的手中。因此，冉有得到的是一个颇有实权的职位。

虽然季康子慷慨陈词，但最终也只有孟孙氏决定参战。公元前484年春天，齐国军队浩浩荡荡地杀向鲁国的都城曲阜。季孙氏与孟孙氏各自率领一军出城迎战。

战斗打响之后，孟孙氏率领的右军力不能敌，很快便被击溃。而冉有率领的左军，由于主将身先士卒、冲锋在前，全军士气大振。再加上冉有提前研究了齐军武器的特点，让己方兵士选择了有利于作战的长矛。受到冲击之后，齐军阵形大乱，最终，齐国发动的这场讨伐鲁国的战争并没有达到预期的效果。

成功击退了齐军之后，季康子激动不已，他高兴地向劳苦功高的冉有夸赞道："我一直以来只知道您擅于处理政务，却没想到您对行军打仗也这么在行。"

冉有听后谦逊地笑了笑，然后说道："我哪有什么才能，只不过是恩师谆谆教导，我又恰巧学了些皮毛而已。"

季康子听后立刻愣住了，他突然想到了受到排挤被迫周游列国的孔子，回想起这位贤者的种种过往，感慨万千的季康子立刻派人去把他请回鲁国。正是由于弟子冉有在这场对齐作战中出色的表现，在外漂泊十四年的孔子终于回家了。

十六、艾陵之战（上）

讲完了鲁国这边，我们再把目光转向齐国。这次对于鲁国的报复性进攻本来是一场稳操胜券的行动，由于刚刚击退了吴军，如果再次击败鲁军，不仅可以提升齐军的士气，稳定国内局势，还可以给予吴王夫差足够的震慑，让他有所忌惮，从而不敢对齐国轻举妄动。但万万没想到的是，由于冉有亲自出战，齐国的所有计划都落了空。本来还有些犹豫的吴王夫差看到齐军竟如此不堪一击，便联络鲁国准备再次进攻齐国。

对于这次出战，夫差做了充分的准备，吴国常备军队的数量是五军，此次只有一军留守国内，其他的四军全部出动。与鲁军会合之后，两国联军立刻向齐国发动进攻，一路上几乎没有遇到太多抵抗，便攻下了博地（今山东省泰安市东南）和嬴地（今山东省莱芜市西北）。

吴军再一次的入侵让齐国处于极其不利的境地，但面对来势汹汹的敌军，卿大夫们和上一次面对吴军一样，不约而同地放下了成见，团结一致、同仇敌忾。国书和高无丕肩负起二守的责任，厉兵秣马、整备军队；宗楼和闾丘明相互支持、激励将士；公孙夏和陈子行为了彰显自己必死的决心，一个命令下属演奏送葬的乐曲，一个命令家臣给自己准备好下葬使用的含玉；东郭书把珍爱的琴送给了友人,然后挥泪诀别。比起上述几个人的悲壮,公孙挥相对轻松也比较乐观,由于吴国人的头发比较短,他让自己的部下准备一根八尺长的绳子,并且告诉他们可以把砍掉的吴国人的脑袋用绳子穿起来,这样便于携带。

就在大战一触即发之际,田乞对弟弟田书说道:

"此次吴军来势汹汹,战局极为不利,你将代表田氏家族前去作战,对此你有什么想法?"

"兄长放心,我早将生死置之度外,此战必将英勇杀敌,绝不会给田氏一族蒙羞。"田书说。

"在我看来,此战齐军必败,国、高等一众大臣即使没有战死沙场也会被追究责任。"田乞说到这里突然停了下来,犹豫了许久却一直没有说出后面的话。

"兄长有话,不妨直言。"田书有些疑惑地说道。

田乞看了看弟弟,有些沉重地说道:"田氏一族寄人篱下的时间已经太久了,明明把握住了机会,却依然无法执掌朝政。这次大战再次关系到田氏的生死存亡,一旦战局不利,希望你能战死沙场,这样我们就不会受到牵连,只要能继续留在齐国,就一定有机会绝地反击。"

尽管田书早就抱有必死的决心,但兄长的直言不讳还是令他感到吃惊,思考片刻后,他坚定地对田乞说道:

"请兄长放心,此次出征,我只会听到进军的鼓声,而绝不会听到收兵的钲声。"

十七、艾陵之战(下)

公元前484年五月,吴、齐两国的大战在艾陵(今山东省泰安市东)爆发了。吴军这边由吴王夫差亲自率领中军,胥门巢率领上军,王子姑曹率领下军,展如率领右军。而齐军这边由国书率领中军,高无丕率领上军,宗楼率领下军。

战斗打响之后,吴国的展如率领右军击败了齐国的上军,而齐国的国书率领中军又击败了吴国的上军,双方打了一个平手。但吴王夫差对这样的战况并不满意,立刻率领中军杀入战场。由于吴国中军的加入,刚才相对平衡的战局突然发生变化,面对敌方的增援,国书无力抵挡,齐国的中军被击溃。此时,夫差下令全军出击,最后,这场大战和田乞预料的一样,以齐国的惨败而告终。战争结束以后,吴王夫差下令将俘获的国书、公孙夏、闾丘明、田书、东郭书等人全部处死,为了显示其大国风范,他还将砍下的三千首级以及缴获的八百辆战车一并送给了鲁哀公。

艾陵之战是春秋末期一次关键性的战役，它是中国战争史上使用预备队的典型战例。吴国通过这场战争拥有了可与晋国争霸天下的资格。而反观齐国，这本是一场完全可以避免的战争。当时的国君齐悼公做出了两个极其错误的决定。第一，为了迎回夫人季姬不惜对邻邦鲁国大打出手，但这样做的结果除了硬给自己戴上一顶绿帽子之外，没有捞到任何好处；第二，对吴王夫差的野心估计不足，白白送给了对方一个攻打齐国的理由和借口。如此愚蠢的行为，再加上他即位之初攻打收留自己的鲁国，猜忌迎回自己的田乞，杀掉反对自己和有可能威胁自己的鲍牧和公子荼，最终，忍无可忍的卿大夫们群起而攻之，齐悼公落了个身首异处的下场。虽然他为自己的行为付出了惨痛的代价，但是那个曾经辉煌的齐国却再也没有机会恢复往日的地位了。如今的它只能看着身后的诸侯一个接着一个超越自己，而自己只能步履蹒跚地向着前方缓缓挪动，却永远看不到终点在哪里。

艾陵之战结束之后，国、高二守以及众多世家大族在齐国的势力遭到了毁灭性的打击。反观田氏，因为田书的战死并没有被追责，而田乞留守国都又保存了家族实力。自此，田氏一族终于登上了齐国权力的顶峰。不久，实现家族伟大目标的田乞离开了人世。他的儿子田恒（因为要避汉文帝刘恒的讳，汉代的史书都把他称为田常）接替其父，成为田氏一族的第八任宗主。

十八、新起点之前的尾声

由于史料中关于田开的记载过少，在这一章中，我们着重讲述的是田氏家族第七任宗主田乞的故事。与田无宇主动奔走于各大家族不同，田乞在担任宗主期间表现出来的特点是伺机而动。毕竟此时的田氏一族已经在齐国站稳了脚跟，他不用像自己父亲那样为了族人的生存而奔波。

但田乞看似平缓的策略绝非是随波逐流，一方面他延续祖上施惠于民的策略笼络人心，另一方面却不断寻找机会。比起其他家族的宗主，田乞更像一个躲在暗处的剑客，不断磨炼武艺的同时随时准备给予对手致命一击。因此，在讲述田乞故事的时候，不需要像上一章那样分析君臣及各大家族之间的利弊得失，我们只需要静静地等着他出手就行了。当鲍牧前来找他寻求帮助的时候，田乞不计前嫌主动结盟，不仅立刻进攻国、高二守，并且大胆而又果断地改立新君。当吴国大军压境之时，他又主动牺牲了自己的弟弟，来为田氏一族的崛起换取机会。尽管中间遇到了许多坎坷，但最终田乞还是夺得了觊觎已久但又多次失之交臂的权力，将自己的家族推向巅峰。

  本章的篇幅不长，因为这一部分的剧情并不复杂，也不需要过多的分析和解读，我在叙述的过程中也倍感畅快。在接下来的一章中，田氏家族将会有四位宗主分别登场，我们的主人公虽然还要继续和卿大夫之间勾心斗角，但他们有了一个更高的目标，那就是向君权发起挑战，他们究竟如何实现这个目标呢？请大家继续关注第三章——执掌权柄。

第三章

执掌权柄

一、内忧外患

"艾陵之战齐军损失惨重,倘若夫差明年卷土重来,齐国恐怕在劫难逃了。"齐国新任国君简公十分忧虑地说。

"这次战役,吴国几乎动用了全部的兵力,想要在短时间内再次组织起如此大规模的军事行动也并非易事。"看到国君唉声叹气,一旁的阚止赶紧宽慰道。

"话虽如此,但每每想到战场上吴军将士摄人心魄的杀气,寡人的心就不住地颤抖。这个地处边陲、毫不起眼的小国竟然在这么短的时间内快速崛起并且接连击溃了越国、楚国和我们齐国,实在是出人意料。"齐简公再次感叹道。

"说起吴国的崛起,伍子胥居功至伟,但就是这样一位贤臣竟然被夫差赐死了。"阚止说道。

"什么?伍子胥死了?"齐简公诧异地问道。

阚止看了看齐简公,肯定地点了点头。艾陵之战结束后,吴王夫差立刻去找当初劝诫自己不要伐齐的伍子胥,想借机羞辱他一番。但伍子胥却没有因为此战胜利就改变自己的想法,两人见面之后又是一番唇枪舌战,恼羞成怒的夫差在奸臣的推波助澜之下决定将他赐死。最终,这位为吴国立下不世之功的一代名臣就这样离开了人世。

"伍子胥一直反对吴国北上争霸,这样一来,无所顾忌的夫差岂不是更要频繁对齐国用兵了?"简公更加忧虑了。

"此时的夫差恐怕很快就没有精力谋划北上了。"阚止笑了笑,接着说道。

"哦?这是为什么?"简公问道。

"当年越王勾践惨败于夫差之后便卧薪尝胆,一直在暗中积蓄力量,并且发誓要一雪前耻。如今伍子胥惨死,这对勾践来说真是天赐良机。恐怕不等吴国北上,越国的大军就已经发起进攻了。"阚止说道。

听到对方这么说,齐简公若有所思地点了点头,紧缩的眉头终于舒展开来。

"比起吴国的威胁,臣更担心的是内部的稳定。"这一次轮到阚止发话了。

"先生是在担心田氏吧?"齐简公说道。

"经过这么多年的苦心经营,田氏的势力已经渗透到了齐国的各个角落，此次艾陵之战惨败，各大家族遭受了重创，唯有他们没有伤及根本。早就对权力虎视眈眈的田氏，此时又失去了各大家族的制约，想必很快就会做出对君上产生威胁的举动。"阚止忧心忡忡地说。

齐简公看了看对方，表情显现出一丝忧虑，接着说道："既然如此，就请先生助寡人一臂之力吧。"

二、阚止和宰予

阚止，齐悼公和齐简公极其信任的宠臣，当年公子荼即位之时，阚止就跟随他们父子二人出奔鲁国。没过多久，齐悼公就被田乞迎回国内，因为前途未卜，所以他决定只身前往，而把儿子齐简公托付给阚止。后面发生的事情前文已经讲到，齐悼公顺利即位，留在鲁国的他们也顺利回到齐国。

历史上很多典籍都将阚止记作孔子的弟子宰予（孔子评价其"朽木不可雕也"），这其中包括《史记》《韩非子》《吕氏春秋》《说苑》，等等。但唐代的司马贞在给《史记》作注的时候认为《左传》中记载了阚止而没有记载宰予，由于两个人的字都是子我，这是司马迁把他们错误地当作一个人了。在随后的一千多年里，苏轼、洪迈、惠栋、全祖望、钱穆等人都对这个问题进行过论述，但是他们各执一词，至今也很难有定论。对于这个问题，我还是更认同司马贞的观点，这样的看法主要基于两点原因：第一，齐桓公去世之后，齐国一直处于内忧和外患之中，所以历任国君对于大臣的使用都相当保守，宁可让国、高这样的世家大族垄断朝政，也不愿让田、鲍这些非公族走上前台，因此作为孔子弟子的宰予想成为两任国君的心腹，几乎是无法实现的。第二，孔子在自己的晚年对宰予的评价有了很大的改观，但宰予如果只是醉心于权术，恐怕也很难得到恩师的如此肯定。

解释完阚止和宰予的问题后，我们回到剧情当中来。艾陵之战结束后，齐简公便任命田恒为左相，阚止为右相，共同执掌国政。如今的齐国刚刚战败，各大家族又遭受重创无力制衡田氏，因此给田恒一个相位，也算是在一定程度上安抚田氏。但简公也给心腹阚止一个相位，这无疑是明确表态，让田恒安分守己一些，千万不要觊觎君权。对于这样的安排，田恒自然是心知肚明，如今的田氏与齐国最高权力的距离又近了一步，但身居高位以后所面临的局面将会更加艰险和复杂，一个不经意的失误就可能让整个家族万劫不复。

接下来，田恒一方面继续施惠于民收买人心，另一方面谨慎地观察着阚止和齐简公的举动。但就在他稍稍安下心来的时候，一件意外事件的发生给了阚止可乘之机。

三、田逆杀人

与齐简公的议事结束之后，阚止离开了公宫。此刻天色已晚，坐在马车上的他陷入了沉思。阚氏在齐国并非望族，自己能有如今的地位全是仰仗齐简公的提携。既然国君已经把话说得如此明白，那么打击田氏便是自己的首要任务。可是田氏一族在暗中的势力盘根错节，在台前又掌握一个相位，连续被打压又不断崛起，想要对付他们绝非易事。思考了许久，他也找不到一个明确的方向，只能无奈地摇了摇头。

就在此时，车御突然拉住缰绳把车停了下来，思路被打断的阚止定睛一看，眼前的一幕让他大吃一惊。前方，一个浑身是血的人踉踉跄跄地跑着，显然是在逃命，但他移动的速度实在太慢了，身后追他的人没几步就到了跟前，只见寒光一闪，被追的人顿时身首异处。虽然是夜晚，但在都城临淄公宫附近当众行凶杀人，这着实让在场的人惊骇不已。只听阚止大喝一声："抓起来，如果抵抗立刻斩杀！"

听到主人的命令，护卫们这才回过神儿来，接着将凶手团团围住。阚止跳下马车来到了凶手面前。等看清楚对方的时候,阚止大吃一惊,原来这个凶手自己认识,他就是在田氏家族颇有地位的田逆。刚才还一筹莫展的他此时大喜过望,派人将田逆押送至大牢后立刻掉转马头前去求见齐简公。

"竟然在寡人的眼皮子底下杀人,田氏也未免太过嚣张了吧。"齐简公听完阚止的汇报后有些生气。

"君上所言甚是,所以臣立刻把田逆押入了大牢。"阚止说道。

"田逆因为什么杀人?"齐简公问道。

"还没来得及询问,但原因已经不重要了,他一定是奉了田恒的命令。"阚止说道。

齐简公一边点头一边说:"既然如此,就把这件事深入地查一查,牵涉的范围越广越好。"

"这真是打击田氏的绝佳机会,臣这就去连夜审讯田逆。"阚止激动地说道。

"好,你立刻去办。"齐简公点了点头。

得到了国君的首肯,阚止立即前往大牢,一路上他都思索着如何把田氏的罪名给坐实了。但等他到了关押地点之后,眼前的一幕让他大吃一惊。只见看守们已经惨死当场,而田逆却不见踪影。

四、握手言和

田逆刚一被捕，消息立刻传到了宗主田恒的耳朵里，为了防止阚止拿此事大做文章，田恒马上决定展开营救，而且不惜一切代价。就在阚止正在向齐简公汇报之时，备好酒菜前往大牢的田氏族人已经和看守们把酒言欢了。没过多久，酩酊大醉的看守们在毫无防备的情况下被田氏族人全部杀掉，而田逆也趁此机会成功逃脱。

看到看守们身首异处，阚止紧紧地攥住拳头，他完全没想到田恒会如此嚣张，竟然直接派人前往大牢劫走田逆。如今凶手已经逃之夭夭，想再抓到他可就难了。当愤怒和失望的情绪逐渐平复下来之后，阚止又感到了深深的忧虑，此次事件功败垂成，显然是自己没有做好万全的准备，而田恒正是抓住了转瞬即逝的机会，果断地化解了危机。一贯低调的田氏一族一反常态，这不免让人有一种不祥的预感。返回途中，阚止一直在思考整个事件中的细节，不知不觉就到达了府邸。在他准备下车的时候，一抬头看见田恒正站在自家的门前。

"阚相日夜为国事操劳，实在是令人敬佩。"田恒刚一看到阚止就立刻迎了上去。

阚止不动声色地说道："今夜在公宫附近发生了一起

命案，所以这个时辰才得以归府。田相可否听说此事？"

"竟有这样的事？凶手抓到了吗？"田恒故作吃惊地回答。

"抓到了，但是又跑了。"阚止遗憾地耸耸肩。

"到底是什么人胆敢在宫外行凶？"田恒接着问道。

"据说是田逆。"阚止目光紧紧地盯着田恒说道。

田恒听后没有丝毫的犹豫，立刻回答道："阚相这是说笑了，田逆今天一直与我在府上对弈，怎么可能外出杀人？"

"既然田相这么说，看来消息有误。不知田相深夜造访有何贵干？"阚止听后不置可否地笑了笑，然后主动转移了话题。

听到这里，田恒松了口气说道："虽然我与阚相共事多年，但田、阚两族一直以来并没有太多的交集。如今齐国百业待兴，尚需我们通力合作，不知道阚相是否愿意与田氏结盟，共同辅佐新君？"

看到田恒主动示好，阚止有些出乎意料，但他也实在想不出拒绝的理由，便点头答应了。公元前481年春，阚止率领族人和田氏一族正式结盟。

五、主动出击

第一次出击不仅没有成功反而打草惊蛇，所以当田恒提出和解意愿的时候，阚止毫不犹豫地答应了。但在他看来，这也只是权宜之计，彻底清除田氏一族才是真正的目的。不久，阚止又有了新的计划，而这个计划能否实施，取决于自己的家臣田豹。田豹，田氏族人，当初通过朝中大臣的推荐才得以在阚止的府上做家臣，由于他对政务有独到的见解，因此深得阚止的信任。

"如果让你成为田氏的宗主，你觉得怎么样？"阚止开门见山地对田豹说道。

田豹听罢吓得一哆嗦，过了许久才回答道："您所说的我从来没有奢望过，毕竟我只是出自田氏旁支，若要让我领导田氏，全族上下一定会反对。"

"谁反对就驱逐谁，都反对的话就把他们统统驱逐出境。"阚止继续说。

"如果田氏一族都不存在了，那么我成为宗主又有什么意义呢？"田豹问道。

"这个……"阚止一下子被问住了，一时间竟不知道如何回答。

"虽然您和田氏结盟，但满朝文武都心知肚明两家是不可能和平相处的。不知道您的目标是田恒还是整个田氏？如果只是田恒，除掉他再立他的儿子为宗主，这样就可以顺势掌控田氏。如果是要除掉田氏，恐怕就要请您三思了，如今田氏的势力在齐国根深蒂固，如果计划不周，一定会危及阚氏甚至是国君。至于我，虽然是田氏的族人，但在您对付田氏的过程中恐怕无法发挥重要的作用，也没有太多可利用的价值。"田豹毫不避讳，直截了当地表达了自己的观点。

阚止听完点了点头，没有把这个话题继续下去。

离开了阚止的府邸，田豹依旧没有放松下来，虽然他是阚止的家臣，但终究也是田氏族人，事到如今到底该帮谁呢？经过长时间的思索，他还是选择了自己的宗族，打定主意后他立刻前去拜访田恒。

"什么？两家盟书的字迹还未干透，阚止就开始计划对我们下手了？"田恒听了田豹的叙述，虽然依旧神态自若，但多多少少还是有些吃惊。

"是的，但也可能只是一次对我的试探。"田豹说道。

田恒一边点头一边陷入了沉思，过了许久他突然说道："阚止深得国君信任，随时都可以发难。如今田氏一族命悬一线，绝不能坐以待毙。既然如此，我们就先出手吧。"

六、田恒逼宫

公元前481年夏，经过精心的谋划和准备，田恒趁着阚止和齐简公一同饮酒的机会，带着田逆以及同族的几个兄弟前往公宫，虽然他们人数不多，但个个武艺高强。

听到侍卫的通报，阚止立刻出门迎接，看到田恒就笑着说道："田相来得正好，我们与君上一同饮酒。"

"阚相，喝酒就先不必了，我今日来到公宫是有要事和君上商议。"田恒躬身施礼道。

"既然田相有要事要面见君上，那就快请进来。"阚止说罢立刻低下身子去扶正在施礼的田恒。可就在此时，田恒突然伸出右手抓住他的胳膊然后用力往后一拽，毫无防备的阚止一个趔趄摔倒在地，还没等他反应过来是怎么回事儿，田恒一行几人鱼贯而入，然后转身将宫门一推，把阚止关在了门外。接下来，田恒等人没作片刻停留，双手反握着短刀飞快地向侍卫们奔过去，只见寒光一闪，来不及反应的侍卫们就这样接连被斩杀。

看到杀气腾腾的田恒冲了进来，酒意正浓的齐简公顿时恢复了神志，只见他一边起身一边用右手拿起长戈指向田恒。站在一旁的太史担心双方兵戎相见，立刻站在了他们中间，大声对齐简公说道："君上误会了，这分明是有人要加害于您，田相这是舍命来保护您的！"

由于有国君的支持，阚止的实力不可小觑，想要正面与其对抗难度很大。因此，田恒这次行动需要抢先一步控制公宫和国君,只要阚止前来营救就对外宣称其谋反,这样一来胜算会大大提高。而太史的这番话正中田恒的下怀,逐渐放缓脚步的他将手中带血的利刃收了起来,对齐简公说道:"君上,阚止谋反,臣特来诛杀反贼。请君上回寝宫暂避,剩余的一切交给臣来处理吧。"

齐简公听罢点了点头,和太史一起离开了。

看到他们远去的身影,田逆和田恒说道:"您觉得国君会相信阚止谋反吗?"

"当然不会相信,但现在掌控局势的是我们,他的看法已经完全不必在意了。今天的行动十分顺利,接下来只要能够成功地剿灭阚止、架空国君,我们田氏一族的崛起便会势不可当了。"田恒从容不迫地说道。

七、弑杀简公

阚止被关在门外之后,顿时意识到事情的严重性,于是立刻召集私兵前来救驾,不明白其中缘由的国人们看到浩浩荡荡的私兵杀向公宫,都以为阚止谋反了,而此时控制住齐简公的田恒便以此为由调集国君的侍卫进行抵御,但这些兵力显然是不够的,田恒又命令自己的私兵加入战斗,这样一来双方的实力发生了明显的变化,被前后夹击的阚止无力抵抗,只能仓皇出逃。可能这一切发生得太过突然，连路线都没来得及规划的他竟然跑到了田氏的领地丰丘。田氏的族人看到狼狈不堪的阚止后立即将其抓获。最终，阚止被杀死在丰丘的城外。

阚止死后，齐简公陷入到恐惧之中。为了自保，他和身边的近臣计划着离开齐国，但遗憾的是他没有找到出逃的机会，听到风声的田恒立刻囚禁了他，同年六月二十一日，担任国君仅仅四年的齐简公惨死在田恒的刀下。

田恒弑君之后，为了防止各国诸侯联合伐齐，首先把曾经侵占鲁、卫两国的土地全部归还，然后和西边晋国签订盟约，最后又与南方吴国、越国互通使臣。正是他这一系列的举措，为自己创造了一个更为有利的外部环境，待局面稳定之后，田恒便立齐简公的弟弟公子骜为君，史称"齐平公"。随后，大权独揽的田恒不仅将齐国的各大家族尽数铲除，而且还将他们的土地划为己有。自此，田氏的封地比国君的土地还要多，田氏一族在齐国的发展进入到了新阶段，而当年"八世之后，莫之于京"的谶言也在田氏第八任宗主田恒的身上得到了印证。

简公被杀的消息很快传到了鲁国，时值暮年的孔子对于田恒谋逆的行为异常愤怒，斋戒三天之后便请求国君鲁哀公出兵攻打齐国。

"田恒弑杀国君，百姓必然不会亲附于他，这正是攻打他的绝佳机会。"孔子说道。

尽管孔子的话合情合理，但鲁哀公对这件事并没有过多的想法，只是平淡地说道："鲁国在连年的战争中不断被削弱，目前的实力已经不足以出兵。先生若要执意伐齐，还是去问问季孙氏的意见吧。"

听完国君的话，孔子无奈地摇了摇头。其实鲁哀公所言不无道理，第一，鲁国现在已是名副其实的弱国，自顾尚且不暇，哪有能力去管别人的事情。第二，鲁国现在是季孙氏执掌朝政，国君并无实权。孔子虽然对卿大夫执掌国政、架空国君的现象深恶痛绝，但面对这种春秋末期各大诸侯国内普遍存在的实际情况，他也无能为力。为什么到了春秋的末期，各诸侯国都会出现这种现象呢？这其实和周代的政治制度有着密不可分的联系。

八、分封制与井田制

西周灭掉殷商之后，周武王以及周公分别进行了两次大规模的分封，建立了众多的诸侯国。

被分封的对象大致有三类：第一类是前朝的遗民，比如宋国是由殷商后裔建立的；第二类是异姓功臣，比如齐国的首任国君是姜太公；第三类是姬姓贵族。其中，被分封的姬姓诸侯国无论是在数量上还是在规模上都占有绝对的优势，这也很好理解，毕竟周天子觉得把土地交给自己的血亲更加放心。

这两次大规模的分封结束以后，就形成了周王室掌控王畿地区，诸侯国控制王畿之外疆域的格局。由于王畿之外的部分地域并不完全受周王室的控制，很多被分封的国君实际上还需要开疆拓土、教化民众。最终，经过这些国君的共同努力，周代的疆域较之夏、商两代扩大了许多，由此可见，分封制的实行在当时起到了非常积极的作用。

虽然周天子会通过巡守、会盟等手段对诸侯进行统治和管理，同样也会在人事安排上对诸侯进行一些干预，比如前文提到的齐国"二守"的国氏、高氏就是由天子直接任命的，但实际上，正是由于诸侯国独特的作用，国君可以世袭并且拥有近乎绝对的人事权、财权和兵权，所以在诸侯国内部，国君已经和天子并无区别。

在西周时期，周王室的实力非常强大，因此，诸侯国对天子颇为忌惮。但平王东迁之后，天子控制的版图大大缩减，实力也不如以前。王权逐渐衰落，取而代之的是霸权的兴起，由强大的诸侯国代替周王室管理天下。

通过简单的梳理，我们看到了天子的衰落以及诸侯的崛起，而在诸侯国的内部，国君与卿大夫的关系其实也发生着同样的变化,这是因为分封制并不仅仅存在于周天子和诸侯这一层面上,国君对其卿大夫也进行了分封。卿大夫在自己的封地上和国君在自己的诸侯国内一样,可以世袭并且拥有自己的官僚机构和军队,只不过在名称上稍微变了变,"国君"变成了"宗主","诸侯国"变成了"采邑","卿大夫"变成了"家臣","军队"变成了"私兵"。春秋时期,许多大国卿大夫的实力已经超越了中小型的诸侯国,他们甚至不用国君出手,仅靠自己的私兵就能独立完成对外作战并取得胜利。因此,周天子遇到的一切问题,诸侯国的国君也同样会遇到。春秋中后期,各国国君被架空甚至是被杀的情况已经屡见不鲜。

既然分封制已经成为诸侯国不稳定的根源,那么通过限制、收回受封人的权力甚至废除分封制,是不是就能解决目前的问题了呢?这样的想法固然没错,但实际上却很难实施,为了说明这个问题,接下来有必要了解一下周代的另一项制度——井田制。

由于灌溉的需求,西周时期的耕地需要建立在河流的附近并且被平均分割,这样可耕作的田地整体看起来很像一个"井"字,井田制也因此而得名。农耕时节来临的时候,周天子会率领众大臣举行盛大的"籍礼",然后召集所有可以从事农业生产的人员来到耕地上进行耕作，而统治者也会将耕地分为公田和私田，公田的产出归于周王室，私田的产出归于劳动者。

井田制其实就是一种大规模的集体劳作制度，这在当时也是最有效率的一种生产方式。但正是由于生产工具、耕作技术、交通运输等各种因素的制约，周王室所掌控的王畿地区在规模上会有一定的上限，所以，多出来的土地分封给诸侯，也是完全符合当时的实际情况。因此在分封制、井田制及其他各项制度的作用下，西周王朝平稳地发展了二百多年。但到了春秋时期，一个看起来并不起眼的工具的出现打破了所有的平衡，它就是铁器。

西周时期，人们一直使用的是石制和木制的生产工具。到了春秋时期，铁器虽然还没有被广泛应用，但它的出现已经使灌溉面积和耕地面积大幅增加，与此同时，农业生产的难度大大降低。按照正常的逻辑，无论是天子还是诸侯，随之而来的应该是百姓安居乐业，朝堂政治开明的一派欣欣向荣、国富民强的景象，但实际上我们看到的春秋时期却是天子、诸侯不断失去权力，社会的各个阶层全都乱成了一锅粥，这又是为什么呢？

起初，由于生产力水平的原因，集体生产的规模较大，涉及的人数也较多，因此所要进行统一管理的土地面积也很大，这就需要诸侯们在自己的封地上拥有等同于天子的权力才能完成，这也是分封制的合理之处。但随着铁器的出现，需要集体生产的规模越来越小，人数也越来越少。卿大夫在自己封地上也能独立完成集体生产，这样一来，在采邑上完全可以自给自足并且拥有绝对权力的卿大夫对国君的依赖程度大大降低。和天子与诸侯之间的关系一样，卿大夫和国君的关系也从从属关系演变成了竞争关系。因此，在诸侯国内部，世家大族和国君之间的斗争日益升级，世家大族之间的斗争也日趋残酷。

面对日渐丧失的权力和觊觎君位的卿大夫，各国国君当然不甘心坐以待毙，于是在春秋末期，各个诸侯国都开始实施一些改革方案，比如鲁国的"初税亩"，郑国的"为田洫"，但它们的影响力完全无法和战国时期的变法相提并论。因为这些措施实际上只是对卿大夫的采邑征收赋税，不仅无法动摇他们对于采邑的掌控，反而在一定程度上默认了世家大族对于土地的掠夺；而诸侯们虽然通过此类税收增加了一部分收入，但卿大夫都会将这些税收转移到普通劳动者身上，反而增加了国君与百姓之间的矛盾。

所以，逐渐提升的生产力使得原有的各种制度的弊端不断显现，而新的制度还处于摸索的阶段。正是在这样的大背景下,国君的权力不断下移,土地不断丧失,而且,随着卿大夫阶层的崛起,国君也很难从他们手中收回曾经赋予他们的权力,因而逐渐失去了对国家的掌控权。

介绍完了周代的两项重要的制度,我们再回到剧情当中来。田恒弑君却没有被诸侯群起而攻之,并不仅仅是因为他的外交手段,其实最重要的原因是各个诸侯国都忙于自己的事情,此时的吴、越两国已经拉开了争霸战争的序幕,晋国六卿忙于内斗,无暇管理国际事务。而南方的楚国也即将陷入到内乱当中,这又是怎么一回事呢?

九、回归楚国

"令尹,不知您何时准备出兵郑国,给其沉重的一击?"白公胜言辞恳切地对子西说道。

子西听了半晌不语,既没有肯定也没有否定。白公胜看对方没有表态便继续说道:"父亲惨死在郑国,我与之有不共戴天之仇,这是众人皆知的事情。当初我提议进攻郑国,您说楚国需要休养生息。可如今国泰民安、国力增强,而且郑国总在楚、晋两国之间首鼠两端,出兵郑国不仅替父亲报了仇，同时也能向晋、吴以及周边诸侯彰显楚国的实力，这本是一举两得的事情，不知道令尹到底在犹豫什么？"

听到白公胜这么说，子西点了点头说道："此言有理，待我禀明国君之后就立刻伐郑。"

白公胜是谁呢？他为什么执意要进攻郑国？结果又怎么样呢？由于我在《解晋》一书对于楚国的记叙止于其惨败于吴国的柏举之战，所以要讲清楚其中的原由，还需要对楚国近些年来的状况稍微进行一下梳理。

当年，楚平王听信谗言，认定太子建和太傅伍奢要谋反。最终，太子建出逃宋国，伍奢和其子伍尚被杀，伍奢的另一个儿子伍子胥侥幸逃脱，于是前往宋国寻找太子建。可不久后宋国发生了内乱，不得已他和太子建一起又逃亡到了郑国。见到他们前来投奔，当时的国君郑定公以相当高的规格接待了他们，可是太子建却恩将仇报打算联合晋国颠覆郑国。不过消息泄露了，太子建被诛杀，伍子胥不得已逃往吴国，这才有了吴国的崛起以及之后的柏举之战。虽然太子建死在了郑国，但他有一个儿子一直跟随伍子胥并且长久居住在吴国，这个儿子名叫胜。

柏举之战惨败之后，楚国君臣一心、休养生息、重视民生，国力渐渐恢复。而此时的令尹子西想起了身在吴国的胜，于是打算把他召回来。对于这个想法，叶公沈诸梁极力反对。

"当年太子建是被人陷害才出逃郑国，最终身死异乡。我明白令尹这么做是为了补偿，但听说胜性格狡诈，也不是一个安分守己的人，贸然把他召回，恐怕会有隐患。"叶公说道。

"我却听说他这个人诚信而且勇敢，性格狡诈可能是由于思虑缜密，不安分守己可能是经常打破常规，况且他久居吴国，对那里的情况十分了解，如今楚国正是用人之际，急需要一个像他这样的人镇守边关。"子西不以为意。

叶公看了看子西，知道对方已经拿定了主意，只好一边摇头一边认真地对他说："诚信必须符合仁，勇敢必须遵从义，胜虽然不怕赴死而且言出必行，但却不问是非、不分对错。您将来一定会后悔把他召回楚国的。"

虽然叶公的话很有道理，但子西并没有听从，最终还是将胜从吴国召回，令其守护在吴楚的边境，号"白公"，因此他又被称为"白公胜"。说起子西和白公胜，其实两个人之间还有一层特殊的关系，白公胜是子西的侄子。

楚平王一共有五个儿子，分别是太子建、子西、子期、子闾和太子壬。太子建含冤出逃并且死在郑国之后，楚平王也离开了人世。由于太子壬年幼，很多权臣公开表示支持子西继任君位，但子西并不贪恋权力而是力挺自己的弟弟，有了他的支持，太子壬顺利即位，史称"楚昭王"。

昭王即位后的第十年，由于柏举之战惨败，郢都陷落，因此迫不得已出逃到了国外。接下来，一方面子西和子期等人收拾残部，另一方面申包胥向秦国请求救援，最终，楚秦联军击退了吴军。成功复国以后，昭王便任命子西为令尹，子期为司马，在君臣齐心协力之下，楚国的实力得以恢复，逐渐拉近了和晋、吴等其他诸侯的差距。

公元前489年，楚昭王去世，临死之前他想让子西继任楚王，但子西再次拒绝了君位的诱惑。昭王又想让位于子期和子闾，但也得到了同样的回答。最终，昭王的儿子章即位，史称"楚惠王"。

通过上文的记叙，可以看出子西是一位深明大义的贤臣，他召回白公胜的举动在当时看来也完全合乎情理，那么叶公的担心最终会成为现实吗？

十、白公胜之乱（上）

白公胜回到楚国之后，一直刻苦钻研兵法并且知人善任，因此他的表现很快得到了楚国君臣的一致认可，令尹子西和司马子期两位重臣也对他寄予厚望。但在白公胜的心中，最重要的事情还是为父报仇，由于当年参与迫害太子建的一众人等早已死去，当下能够复仇的目标只有郑国，因此白公胜不断进言，请求攻打郑国，而这一次，令尹子西终于同意了。

就在白公胜厉兵秣马准备进攻郑国的时候，情况突然发生了变化，晋国先他们一步出兵郑国。通过前文的记叙大家应该知道整个春秋的历史很大一部分都是在书写晋楚两国争霸的过程，虽然吴国的崛起打破了两极的格局，但是楚国依然没有改变和晋国之间的敌对关系。从外交战略的角度考虑，既然晋国选择了进攻郑国，敌人的敌人就是自己的朋友，于是楚国便决定和郑国结盟一同对抗晋国。眼看等待多年才遇到的报仇机会就这样白白浪费了，怒不可遏的白公胜把仇恨的矛头指向了子西和子期。

有一天，子期的儿子平看到白公胜在那里认真地磨剑，有些好奇的他便上前询问："素闻兄长事必躬亲，您亲自磨剑是为了研究武器的特性吗？"

　　白公胜看了平一眼，一边磨一边说："我们楚国的武器材质虽然比不上吴越两国，但只要细心打磨也不落下风，平日里杀个人还是足够了。"

　　平看对方说话的语气有些漫不经心，便开玩笑地问道："最近楚国并无战事，兄长这是要杀谁啊？"

　　听到平说完这句话，白公胜突然把手中的剑放在一旁，站起身来看着对方，然后缓缓地说道："我要杀的人是你的父亲子期，还有令尹子西。"

　　"兄长你……"平听罢惊骇不已，一时间竟不知道该说什么。

　　"满朝文武应该知道我最大的愿望就是为父报仇，但两位执政大臣三番五次进行阻挠，如果不杀了他们，愿望也就无法实现。我一向行事光明磊落，既然你问了也就没必要瞒你，你回去让他们做好准备，我手中的这把剑随时会取他们的性命。"白公胜坚定地说道。

　　平听罢也不知道该怎么回答，便立刻回去报告此事。得到消息的子西毫不在意，只是轻描淡写地说道："胜可能是对我们与郑国结盟的事情有些不满，不过是发发牢骚而已。他是国君的兄长，我和子期的侄子。以他的才能，日后一定会接任令尹或者司马，既然如此，他又何必急不可待地杀掉我们呢？"

子西的话听起来很有道理，但这一次他失算了。

十一、白公胜之乱（中）

"想要对付国君、子西和子期，至少需要五百死士，你有办法召集这些人吗？"白公胜对家臣石乞说道。

"目前我们在都城毫无根基，既无田宅又无私兵，这恐怕很难做到。"石乞说道。

白公胜听完点了点头没有说话，石乞见状又继续说道："听闻一位叫熊宜僚的人英勇无比，如果有他相助，恐怕能抵得上五百人。"

听石乞这么说，白公胜马上来了精神说道："既然如此，事不宜迟，我们现在就去拜访他。"

来到了熊宜僚的住处，三人相聊甚欢，但当白公胜表明来意之后，立刻遭到了拒绝，纵使石乞的剑架在了脖子上，熊宜僚也不为所动。白公胜见对方态度坚决，也不再勉强，只能感慨道：

"您是一位不怕利诱、不畏胁迫的贤士，想必您也不会将我今天的话泄露出去。"

说罢，白公胜示意了一下，石乞跟随他离开了熊宜僚的住所。

虽然这次计划没有成功,但很快真正的机会来了。吴国夫差派兵入侵慎国,慎国当时是楚国的附属国,白公胜率军前往救援。双方短暂交锋之后,吴军大败。这场来之不易的胜利改变了楚国长期被吴国压制的不利局面,因此当白公胜提出带领军队进入都城进献战利品的时候,楚惠王毫不犹豫地答应了,满朝文武也没人怀疑他的动机。正是这一次看起来顺理成章的疏忽,让白公胜能够利用整整一支军队去发动叛乱。

当楚国君臣还在翘首期盼得胜而归的英勇将士之时,白公胜已经杀进了王宫。毫无防备的侍卫顷刻之间便失去了战斗力。白公胜提着沾满鲜血的长剑来到了国君、令尹和司马的近前。

"叶公早就劝诫我不要召你回国,可是我却偏偏不听。平也告诉我你要叛乱,可是我依然不予理睬,正是我的误判让楚国再次发生了内乱。"子西怒视白公胜,同时又无比自责地说道。

"在我看来,您真正需要后悔的并不是召我回国,而是拒绝伐郑。如果不是您的阻拦,大仇得报的我怎么会把怒火发泄在你们身上?对于我的控诉,您还是留着一会儿跟我父亲去说吧。"白公胜面无表情地说完这些话之后,挥剑刺死了子西。

一旁的子期见状大声呵斥道:"一直以来我都是用武

力侍奉君王，如今虽然贼子甚众，但绝不能有始无终。"说罢便拔起一根樟树向叛军冲了过去。

白公胜见子期准备拼死一搏，立刻向后撤步，周围的兵士见状立刻上前团团围住了子期。虽然他勇武过人，但毕竟对方人多势众，经过一番激烈的搏斗，子期也惨死在乱剑之下。

由于叛军的闯入，刚才还张灯结彩的大殿瞬间变成了人间地狱，瑟瑟发抖的楚惠王站在那里，惊恐的他一句话也说不出来。

十二、白公胜之乱（下）

"杀死君王，烧毁府库，大事成矣。不知道您在犹豫什么？"石乞不断地催促白公胜。

"弑君不祥，烧毁府库就失去了财物，即使成功了，以后又该如何治理楚国呢？"白公胜并不赞同石乞的建议。

"恭敬地侍奉神灵就会受到上天的保护，勤政爱民就会得到无尽的财富，这有什么好担心的？"石乞继续劝道。

虽然石乞的话很有道理，但白公胜依旧下不了决心，只是命人把楚惠王押解下去，接着他立刻去找楚平王五个儿子中的最后一个,也就是自己的叔叔子闾,打算让他接替楚惠王成为新一任的国君。

子闾听罢不仅没有欣喜,反而大声斥责白公胜:"如果你是为了安定楚国、整顿王室,无论任何要求我都会鼎力相助。可自归国以来,为报私仇你竟然颠覆王室,置国家存亡于不顾。若与乱臣贼子为伍,我死后将如何面对你的父亲以及王室宗亲?"

白公胜听到这里火冒三丈,立刻拔剑杀了子闾。但待他冷静了之后竟然有些手足无措,因为此时的局面突然变得无法收拾。这次政变虽然实施得非常成功,但白公胜对以后的路要怎么走显然没有思虑周全,当他还在权衡利弊的时候,曾经劝诫过子西的叶公沈诸梁的勤王之师已经抵达郢都。

得知叶公率领军队已兵临城下的时候,那些被迫依附白公胜的王公大臣立刻倒戈,整个局面瞬间发生了逆转。叶公几乎没有遇到什么抵抗,便一举击溃了叛军。看到自己功败垂成,白公胜再也没有力挽狂澜的勇气,失去斗志的他踉踉跄跄地跑到了附近的山中,最终选择了自杀。于是,这场突如其来的内乱又骤然结束了。

白公胜之乱的故事进行到这里就结束了,在我看来,他发动这场叛乱本身毫无意义。

前文所提到的崔杼叛乱的起因是被戴了绿帽子，他的目标是齐庄公；田、鲍、栾、高的政变是因为庆封专权，他们的目标是庆氏一族，这些在逻辑上都可以说得通。但白公胜的大仇伍子胥早在二十多年前就替他报了，如果还有怨恨的话，他回到国内的首要目标应该是夺权，因为现在楚惠王的国君之位本来应该是属于他的，但他却一直致力于攻打郑国。通过追述我们知道，当初被郑国收留的太子建是因为妄图联合晋国灭掉郑国所以才被杀掉，这是众所周知的事情。因此，攻打郑国除了彰显他父亲的不义之举以外，并没有什么实际意义，而杀掉子西和子期的行为，让白公胜和他父亲一样被贴上了恩将仇报的标签。

虽然石乞建议杀掉国君是一个较好的选择，但白公胜因为怕背负骂名所以不愿这么做，因为怕成为众矢之的所以不愿自立为王。最终，不分是非、不问对错，不顾大局、只重私利的白公胜自然无法成为胜利者，他的人生和他父亲一样，虽然带有一定的悲剧色彩，却丝毫不值得同情。

十三、陈国灭亡

叶公沈诸梁起兵勤王并且成功击溃叛军，如果没有他，楚国恐怕又要再次面临动乱，楚惠王为了表彰他，便让其接替死去的子西和子期，兼任令尹和司马。对于这个任命，叶公没有推辞，但他本人并非贪恋权力之人，当楚国的局势逐渐稳定下来之后，他便毅然辞去了所有职务，告老还乡回到了叶县。

剧情进行到这里，大家有没有发现一个问题，这一次叛乱的结果和之前我们描述的各种内斗完全不同。前文所描述的各种内斗虽然同样也是因争夺权力而起，但事情结束之后，一般都是由获胜方收编失败方的土地，至于随后对于这些土地的处理，有自己独吞的，有分给大家的，也有归还给公室的。但楚国的这次内乱，作为胜利方的叶公得到的仅仅是职位却没有土地，而当他完成了自己的使命之后就回到了自己的封地。对于这样的结果，后世不断有人赞扬他的德行，但如此结果仅仅是因为他个人高尚的品质吗？答案当然是否定的。

在我看来，这种完全不同于以往晋、齐等国的情况其实可以说明一个重要的问题，楚国在一定程度上已经解决了上文所提到的周代制度带来的卿大夫掌权的弊端，建立起更为先进的郡县制。白公胜、叶公沈诸梁、以及我在前作《解晋》中所提到的申公巫臣，虽然他们都有自己的封地，还被称为"公"，但并没有像晋、齐等国的卿大夫那样在自己的封地上拥有独立的人事权、财权和军权，他们在许多方面都受到来自于国君的制约。从楚庄王灭掉若敖一族之后，楚国就很少发生内乱，卿大夫几乎无法参与到威胁君权的事情中来。也许正是因为受周王室礼教文化的影响较少，在中原诸国内部存在的很严重的卿大夫专权的问题，到了楚国这里反倒不是问题了。

很快，楚国便从这次内乱中恢复了过来，接下来楚惠王就将矛头指向田氏家族的故国陈国。就在白公胜之乱发生的时候，陈国仗着有吴国撑腰，出兵入侵楚国。但此后没多久，也就是在公元前478年，吴国在笠泽之战中被越国击败，楚惠王见时机成熟，经过一番精心的准备，便发动了对陈国的灭国战。由于失去了吴国的保护，此时的晋国又忙于内斗，陈国根本无力抵抗楚国的大军。同年七月，浩浩荡荡的楚军杀进了陈国的都城，并且杀掉了国君陈闵公。自此，存在了568年的陈国彻底灭亡了。田恒弑杀齐简公是在公元前481年，陈国灭亡是在三年之后，剧情进行到这里，当年周太史"陈衰，此其昌乎"的预言也得到了印证。

陈国被灭之后的第五年，充当它保护伞的吴国也被越国一举灭掉，这段历史在我的《解晋》一书中有详细的记载。但勾践灭吴以后并没有继续南征北讨，而是将淮河流域的大片土地送给了楚国，把吴国侵占宋国的土地归还给了宋国，又把泗水以东方圆百里的土地给了鲁国，此举极大地改善了越国和周边诸侯之间的关系。不过勾践的理想也并非偏安一隅，灭吴之战结束之后没多久，他便将越国的都城从会稽（今浙江省绍兴市）迁移到了琅邪（今山东省青岛市黄岛区琅琊镇），这样一来就可以更方便地插手中原诸国的事务，等将来时机成熟之后再图霸业，不过这些都是后话了，现在的南方诸国终于迎来了期待已久的和平。

就在这时，日渐没落的晋国迎来了本国的最后一任正卿智伯，智伯为政之后将重点放在了对外方面，就在吴国被灭的第二年，也就是公元前472年，晋国出兵进攻齐国。

十四、田恒去世

公元前472年六月，智伯率领晋军进攻齐国，齐国则派遣高无丕出战迎敌，最终，晋国大胜，智伯还亲手俘虏了齐国的颜庚。第二年，晋国联合鲁国出兵齐国，并且再次获得了胜利。

由于接连两次败于晋国，田恒的心中很是愤懑，一直想找机会扳回一局。公元前468年，智伯领兵进攻郑国，郑国派使者前往齐国求救，听到消息的田恒自然不能放过这次一雪前耻的机会，于是立刻答应了对方的请求。

出征之前，田恒特意召集在战争中牺牲的一些烈士的子嗣进行动员，并特意对颜庚的儿子说道："你的父亲死在晋国人的手中，齐国多难未能抚恤你，如今国君赐予你城邑，请你务必将父辈的功绩传承下去。"

说罢便率领全军前去救援郑国。但天公不作美，军队出发没多久便下起了大雨，行进速度十分缓慢。为了尽快抵达战场，田恒就披着雨衣亲自督促军队行进。此次作战，当年出逃到齐国的晋国六卿之一的中行寅也随军行动。有一天，他得到晋国内部传来的消息后立刻向田恒禀报："听说晋军准备出动兵车一千辆偷袭齐军的营地，对方来势汹汹，而我军人困马乏，恐怕难以抵挡。"

田恒听罢丝毫没有慌乱，而是坚定地说道："君上给我的命令是：'不要因为敌人数量少就盲目追赶，也不要因为敌人数量众多就盲目恐惧。'别说一千辆战车了，即使晋国此次倾全国之力，我们也绝不能退缩。"

智伯在伐郑的过程中得知由田恒亲自率军前来救援的消息后，就派人多方打探，在了解到齐军的具体情况之后，智伯觉得此战胜负难料，便果断下令全军撤退。因此，当齐国的大军浩浩荡荡地杀奔过去的时候，晋军的营地已经空无一人。看到如此情境,一旁的中行寅感慨道:"君子谋划一件事情,对开始、发展、结果都要考虑清楚才应该进行报告。而我得到消息之后,既没有分辨真伪也没有全盘考虑就唐突地前去汇报,这恐怕才是我流亡在外的真正原因吧。"

智伯虽然撤军了,但还不忘派人对田恒说道:"听说陈国的灭亡是由于郑国从中挑唆,所以寡君派我来调查陈国被灭亡的实情。您的家族出身陈国,不仅没有协助我们调查,反而帮助郑国攻打我们,看来您早就忘记自己的故国了吧。"

看到晋国撤军,本来心情大好的田恒听到智伯如此挑衅的话语也不免怒道:"智伯如此颠倒是非黑白必遭报应,看来他的日子也不会长久了。"

虽然田恒说的是气话,但他的预言很快得到了应验,公元前453年,智伯在晋阳之战中兵败,被韩、赵、魏三家所杀。但遗憾的是,田恒本人没有亲眼看到这个具有划时代意义的事件。公元前456年,齐平公去世,他的儿子齐宣公即位。此后没多久,田恒也离开了人世,他的儿子田盘成为田氏家族第九代宗主,并且担任齐相。

田恒担任宗主时,一方面秉承祖上施惠于民的策略笼络人心,另一方面为了扩大田氏宗族的人数,先后挑选了一百多位身高七尺以上的齐国女子做自己的姬妾，但面对如此众多的姬妾，田恒实在是分身乏术，于是让自己的门客和侍从随便出入寝宫而不加禁止，在众人共同努力下，他的儿子多达七十余人。

在田恒担任宗主的这段时间里，田氏家族在齐国的发展出现了重大的变化，他们终于不必在暗中积蓄力量，通过拉拢排挤等手段给自身创造一个更好的空间，此时的田氏家族已经从幕后走向了台前，可以主动与世家大族甚至是国君进行对抗，最终的结果我们也看到，齐简公被杀，田恒成为了胜利者。纵观整个齐国，此时再也无人能对他们造成威胁，而田氏代齐也只是时间问题了。

十五、无力反抗

"听闻晋君为了打压韩、赵、魏三家，已经分别派遣使者前往鲁国和我们齐国请求援助，不知道您对此事怎么看？"田盘的家臣向他问道。

"晋国公室如今已经完全被三家架空，此时再不反抗恐怕就没有机会了。"田盘说道。

"您打算出兵支持吗？"家臣继续问道。

田盘听罢停顿了一下，然后说道："帮助晋君势必会得罪韩、赵、魏三家，田氏在齐国和三家在晋国的境况颇为相似,我自然是不愿意出兵的,但君上与我意见并不一致。"

"君上最终还是要听从您的意见,这一点他应该是明白的。"家臣接着说。

"齐、晋两国关系虽然时好时坏,但双方还是以敌对为主。即使田氏不想得罪韩、赵、魏三家,恐怕互相征伐还是在所难免。因此在这件事上还是听从君上的意见吧。"田盘若有所思地说道。

"您觉得如果得到了齐、鲁两国的支持,晋君的胜算大吗?"家臣问道。

田盘听完站起身来,哈哈一笑,接着说道:"晋君太自以为是了,他以为自己的计划很周密,但恐怕韩、赵、魏三家此刻早已得到消息,两国出不出兵已经完全不重要了。"

田盘说得没错,韩、赵、魏三家很快便得知晋出公打算要剿灭他们的计划。为了自保,三家立刻召集自己的私兵杀向公宫。由于双方实力悬殊,晋出公毫无胜算,最终他只好出逃到楚国。国不可一日无君,朝局稳定之后,三家立晋昭公的曾孙继任国君,史称"晋哀公"(《史记·赵世家》作晋懿公,《竹书纪年》作晋敬公)。

就在晋国忙于内部斗争的时候,从白公胜之乱中恢复过来的楚国与势头正强的越国之间也打破了当初和睦相处的局面,双方的水军在长江中下游反复拉锯,一直难分胜负。就在楚惠王为此苦恼的时候,一个人的到来让楚国的军事技术有了巨大的提升,他就是公输盘,说到这里可能很多人对这个名字并没有什么印象,但他还有一个更为响亮的名字——鲁班。

十六、发明家的实力

鲁班,鲁国人,公输氏,因此又称公输子、公输盘。鲁班并非出身名门显贵,只是匠人之家,但自幼聪敏好学,通过实践发明了一系列先进的工具器械,可谓声名远播。在春秋战国交替之际,鲁班南游到了楚国。楚惠王听闻此事后很高兴,立刻派人请他前来会谈。

"先生能来到我们蛮荒之地,实在是楚国的荣幸,寡人可是有太多问题想向您请教了。"楚惠王寒暄道。

"君上过谦了,纵观天下,能在实力上与楚国匹敌的诸侯寥寥无几。"鲁班也客气道。

听鲁班这么说,楚惠王稍稍一皱眉,不由得感慨道:"先生过奖了,如今越国强盛,楚国与之多次交战都未占上风,不知道您对这样的状况怎么看?"

"我只是一名匠人,军国大事自是不敢妄议,但在贵国游历的这些日子倒是想为君上制作一个工具,看能不能对您有所帮助。"鲁班直接表明了自己的态度。

"先生请讲。"楚惠王急切地说道。

"楚国水军与越国水军交战,由于地势的原因是顺流而下。如果发动猛攻,自然是船借水势不可阻挡。可是如果一击不成想要退守就十分困难。而对方是逆流而上,虽然不利于发动突袭,但可以后退自如。越军也是利用了这个特点打了不少胜仗。"鲁班分析道。

"先生一语中的,楚、越两国水军交战的时候确实存在这样的问题。难道先生已经有化解的办法了?"楚惠王追问道。

"如果有一种工具,敌船退却的时候我们就勾住它,敌船进攻的时候我们又顶住它。这样就可以让敌方的水军既无法退也无法进,一直处在我们的控制当中,不知道君上意下如何?"鲁班说道。

楚惠王听罢眼前一亮,激动地说道:"若有此物必能让我们一扫颓势,不知此物为何名?"

"就叫它'钩强'吧,如果君上同意,请让我立刻登船研究,虽然它制作起来并不复杂,但由于船只的大小、重量以及水兵的武器都有所不同,钩强的尺寸还需要与之相适应。"鲁班说道。

楚惠王听完点了点头,立刻下令水军将士配合鲁班制作钩强。一切都和预料中的一样，当钩强装备到楚国的船只上面以后，楚、越两国的战争形势立刻发生了逆转，一直占据优势的越国开始不断地被楚国的水军击败。

十七、云梯

"正是因为先生创制的钩强，越军在水战中再也不是楚国的敌手了。"楚惠王高兴地对鲁班说道。

"若不是楚军船只坚固、将士英勇，钩强也无法真正发挥作用。"鲁班客气地回答道。

"虽然楚军水战已无敌手，可想要开疆拓土还要靠陆战，若不能攻下城池，一切征伐也变得毫无意义。"楚惠王感慨地说。

鲁班听楚惠王话里有话，心领神会地说道："其实很多年前，我就设计了一种攻城的利器，只是一直没有机会制作出来，钩强跟它比起来只能算是一个小配饰。"

楚惠王立刻直起了身子，然后问道："哦？敢问是什么样的利器？"

"我把它称之为'云梯'。目前我们使用的攻城梯有很多问题，首先是太过笨重，不方便移动；其次是一旦搭在了城墙之上就无法调整角度；再者是结构不牢固，在攻城的过程中极易损坏。为了解决这些问题，我先将梯子固定在一个带有轮子的车子之上,这样方便士兵移动;梯身在车上可以上下仰俯,可以依靠人力调整云梯与城墙之间的角度;再在梯子的顶端装上特制的钩强,这样既可以勾住城墙,又可以通过撞击在一定程度上破坏城墙。"鲁班慷慨激昂地说道。

听到此处,楚惠王再也按捺不住心中的激动,拉着鲁班的手说道:"先生能来楚国,真是上天对我们的眷顾啊!"

"君上,我的话还没有说完。刚才讲到的是云梯在攻城时的作用。如果两军仅仅是对峙,将梯身直立起来,再令兵士站在顶端,这样就可以窥视到敌方城中所有的部署。"鲁班面带微笑地说。

"先生考虑得如此周全,实在是令寡人无比敬佩。"楚惠王说罢便立刻下达命令,要求文武百官全力配合鲁班制作云梯。

有了国君的鼎力支持,这项工程很快完工了。看着高耸入云而又坚固无比的云梯矗立在面前,楚惠王不禁感叹道:

"有此神器,定能摧城拔寨,寡人称霸天下的理想或许很快就能实现了。"

"能助君上一臂之力是我最大的荣幸。"鲁班笑着回答道。

"接下来,我们需要在战场上试验一下了。先生觉得找个理由进攻宋国怎么样?"楚惠王问道。

"宋国有一定实力但并不强大,君上的选择再合适不过了。只不过楚军攻宋的消息一旦传出,我的一位老友定会前来游说。"鲁班皱着眉头说道。

看到鲁班的表情,楚惠王有些不解地问道:"寡人有些好奇,这个连先生都觉得不好对付的人到底是谁?"

鲁班苦笑着说:"想必君上听说过此人,他叫墨子。"

十八、老友重逢

墨子名翟,关于他的籍贯,史籍记载不一,但一般认为他是鲁国或宋国人。墨子的出身和鲁班一样并非世家大族,但却是春秋战国之际著名的哲学家、教育家、科学家和军事家,他最为人熟知的主张是"兼爱"和"非攻"。由于曾在宋国任职,所以当听到楚国准备出兵攻宋的消息之后,正在齐国游历的墨子立刻启程,花了十天十夜的时间赶到了楚国的郢都。

看到风尘仆仆的老友站在自己面前,鲁班忍不住笑了起来,说道:"没想到一代宗师也有如此狼狈不堪的时候!"

墨子看都没看鲁班,只是用沙哑的声音说道:"拿水来。"

鲁班一边给他递水,一边说:"你可是比我预计的早到了十天,对了,你是怎么知道我在楚国的?"

墨子没有直接回答他,而是慢慢地把一碗水喝完,才对他说道:"云梯那种华而不实的玩意儿,除了你谁能造得出来?"

"华而不实?你倒是说说看怎么华而不实了?"鲁班没有生气,好像早就料到墨子会这么说。

墨子突然靠近鲁班,一字一句地问道:"如果用火烧,你的云梯能坚持多久?"

鲁班听罢停顿了一下,接着说道:"所有木质的器械恐怕都抵挡不住火烧吧?你以为我会想不到这些?"

"我倒要听听,你是准备如何应对火攻的?"墨子说完往后靠了靠,将双手放在腿上,端坐在那里。

"梯身包裹上麻布,攻城之前用水浇透,即使守城的敌军用火箭齐射,无论是推动云梯还是登上云梯的兵士都有时间将火扑灭。"鲁班侃侃而谈。

"你说的没错,但若守军拼死抵抗,你的云梯也不会有太大的用处。"墨子说道。

"若是你守城,云梯的作用兴许没那么大,不过若是宋军,一定会发挥出奇制胜的效果。"鲁班说道。

墨子点了点头,接着说道:"对了,这次来郢都是有一件事要拜托你,事成之后必有重谢。"

"谢就不必了，到底是什么事？"鲁班问道。

"我在北方游历的时候遇到了一个人，他总是欺负我，你能不能帮我杀了他？"墨子轻描淡写地说道。

"你是在开玩笑吧，天下谁人不知墨家门下精通武艺者不计其数，这种事情还用得着我吗？再说了，我一心向善，不愿意杀人。"鲁班无奈地说。

"哦，原来你不愿杀人。但你想过没有，云梯制作出来之后宋国要为此死多少人？"墨子说道。

鲁班听后愣了一下，明白了他的用意，然后回答道："如果你是想要劝我放弃攻宋，直接说就好了，用不着拐弯抹角。不过这件事情是楚王定的，我也无能为力。"

"既然你说了不算，就让我面见一下楚王，我找他去说。"墨子笑了笑。

"见面没问题，"鲁班想都没想就答应下来，然后接着说，"不过你好歹也换身衣服吧？"

墨子看了看身上破旧不堪的衣服，有些尴尬地说道："来的时候有些匆忙，劳烦你再给我准备一套吧。"

双方对视了一眼，哈哈大笑起来。

十九、游说楚王

"听闻墨先生千里迢迢从齐国赶来，不知道有何见教?"楚惠王客气地问道。

"不敢不敢,反倒是有一件事情想请教君上。"墨子微笑着说。

"哦,先生请讲。"楚惠王说道。

"我在四方游历的时候碰到一个人,自己明明有很多辆华丽的马车却要去偷邻居家的破车,家里的绫罗绸缎数不胜数却要去偷邻居家的粗布衣衫,厨房的山珍海味吃都吃不完却要去偷邻居家的糟糠。君上觉得这是一个什么样的人呢?"墨子疑惑地问道。

"这人是得了偷窃病吧,只要看到不是自己的东西就想据为己有。"楚惠王随口答道。

墨子点了点头,突然对楚惠王正色道:"楚国地方五千里,宋国地方五百里,这就像华车与破车;楚国有各种名贵木材,宋国连可以成材的大树都很少,这就像绫罗绸缎和粗布衣衫;楚国的云梦泽里有无数的飞禽走兽,宋国连野鸡兔子都不好找,这就像山珍海味与糟糠。从这三方面来看,君上坚持侵略宋国,不就像得了偷窃病一样吗?违背了道义是无法占据宋国的。"

面对墨子的咄咄逼人,楚惠王也没有生气,只是淡淡地说道:"哦,先生的意思寡人明白了,但此次攻伐也并非要占据宋国,更多的是检验楚军的战斗力。"

"君上是否知道您轻描淡写的一句检验楚军的战斗

力，会令多少兵士为此丧命，多少百姓无家可归吗？"墨子更加激动地说。

楚惠王听到此话，沉思了片刻，对墨子说："先生的话的确合乎情理，但如今国与国之间的征伐是很难停息的，即使楚国不去主动进攻，也会有别的诸侯来攻击楚国，如果没有强大的军力，恐怕会有更多的民众流离失所。"

"君上所言甚是，可如果所有的诸侯们都不追求和平，只想着攻伐，天下更会永无宁日。虽然我改变不了大势，却仍会倾尽微薄之力去阻止侵略。"墨子并不让步。

楚惠王看对方目光坚定，叹了口气说道："您的大义确实令人佩服，寡人有一个提议不知道先生是否赞同？"

"君上请讲。"墨子说道。

"请鲁班先生作为攻方，您作为守方，进行一场模拟战，这样既不造成人员伤亡，又能测试军队的战术安排。如果先生赢了，楚国就放弃进攻宋国。"楚惠王说道。

"君上英明，那我们一言为定。"墨子毫不犹豫地答应了。

二十、巅峰对决

不日之后，鲁班和墨子之间的巅峰对决正式开始，楚惠王和诸多将领在一旁观战。

"听说你最近又有了一些发明,不妨说出来听听。"墨子神态自若,一边笑一边说。

"姑且叫它'钩索'吧,此物由钩爪和铁索两部分组成,一旦钩爪钩住城墙,兵士可以顺着铁索爬上去。"鲁班听后直接回答道。

"嗯,既便于携带又便于固定,确实是个好东西,"墨子点了点头,接着说道,"如果我在城墙之上放些干草、麻绳等蓬松的东西,甚至是浇上一些油,你的钩爪又该如何固定?"

"即使没有这些东西,钩爪也未必能一次就抓住城墙吧?"鲁班反问道。

"言之有理,可固定之后若用绳索缠住它再用力拖拽,想必也就能把它从城墙上拉开了吧?"墨子说道。

鲁班一边点头一边说:"看来这些小玩意儿是难不倒你了,如果我要用冲车撞击城门,你该如何防守?"

"我打算制作一个比较粗的铁环,用多根绳索和它系在一起并且从城门之上吊下去,一旦铁环套住了冲车的头部也就是用来撞击的部分,就命人用力拉,冲车一旦离开地面也就起不到作用了。"墨子不假思索地说道。

"厉害,想不到在攻城战中经常使用的利器就这样被你巧妙化解了,接下来我只好用水攻了。"鲁班继续说道。

听到水攻之后，楚惠王和众将领都提起了精神，因为不久前晋国内战，智氏使用水攻，若不是韩、魏两家反水，赵氏很可能就因此被灭，大家都想听听这位守城的宗师该如何应对。

只见墨子依旧从容地回答："水攻的确不好应付，如果没有援军就会被彻底困死。但这个方法有两个弊端：第一，既然是围困就需要较长的时间。第二，为了防止大水倒灌，还需要在营前修建坚固的堤坝。我会一边在城墙的低洼处挖沟疏通争取时间，一边派出水性极好的人在不同的位置不断破坏堤坝，纵使日夜坚守，但只要一个疏忽被凿穿一个小洞，那么攻守之势立刻就会逆转。"

听墨子讲完应对之策，鲁班刚才淡定的神情荡然无存，他皱着眉头继续说道："水攻不行，就用穴攻，不断深挖地道，你会怎么守？"

看着有些着急的鲁班，墨子依旧平和地说道："沿着城墙每隔八尺打一个深洞，洞口不必太大，只要能放下一个瓨（一种瓦器）就行，如果士兵在挖地道的时候经过附近，瓨就会发出声音。确定了位置之后，无论是烟熏还是灌水都能破了穴攻。"

听到此处，楚惠王和众将领禁不住发出了赞叹，墨子微微一笑,然后对鲁班说道:"看来你的这些战法都对我构不成威胁,把你的云梯搬出来吧。"

"难道你又要说到火攻?"鲁班说道。

"火攻你已经有应对方法了,这次当然要换一个了。对付你的云梯,我用两招。第一,在城墙外撒上铁蒺藜,让其无法靠近。第二,在城墙上安装巨型连弩,一旦你的云梯无法快速移动,直接将其射穿。"

听到对方的破解之法后,鲁班顿时呆若木鸡,但并不甘心失败的他硬撑着说道:"即使某种武器或者战法不能奏效,也不意味着这场攻城战就会失败。"

墨子听了没有直接回答,而是一边摸着自己的腰带一边说:"这身衣服倒是很合身,只是腰带有些紧。"

说罢,他忽然把腰带抽了出来,放在地上并且摆成了一个正方形,接着又在一旁随手捡了些木片和瓦片,然后认真地对鲁班说道:"腰带代表城池,这些木片和瓦片代表着守城的器械,接下来我把它们摆好,看你能用什么方法将其攻破。"

鲁班反复地看着这些东西,不停地计算着守城器械之间的距离以及各种器械所能起到的作用。可他无论采用什么方法,都无法攻破防守,对方看似随意的摆放,实际上却毫无破绽。随着时间一分一秒地过去,鲁班的表情越来越凝重。最终,他无奈地摇了摇头,双方这场惊心动魄的战术演习以墨子胜出而落下了帷幕。

二十一、止楚攻宋

"我输了,看来想要赢你只能不择手段了。"鲁班怅然若失地说道。

墨子听罢好像明白了对方的用意,立刻回应道:"你所谓的不择手段就是杀了我吧。我已经派弟子们前往宋国了,只要有他们在,楚军也未必能轻易取胜。"

一旁观战的楚惠王打断了他们的对话,然后平静地对墨子说道:"既然墨先生胜出,寡人就兑现诺言,放弃进攻宋国。"

听罢惠王的话,墨子长出了一口气,刚才还神采奕奕的他此时也显露出疲惫和困倦,向楚惠王躬身施礼表示感谢后,立刻离开了大殿。

送走了墨子,楚惠王走到鲁班面前,安慰他说:"先生不必在意这次较量的结果。"

听到国君的话,鲁班从刚才的失落中回过神来,有些愧疚地说:"感谢君上的宽宏大量,只是影响了楚国攻宋的计划。"

"本来攻宋只是为了验证先生的云梯是否能在战场上

发挥作用，今天已经测试过了，这场仗也不必再打了。"楚惠王不以为意，接着说道，"先生今天虽然输给了墨子，但是您的云梯将来势必会在战场上大放异彩。"

"君上，您……"鲁班显然对楚惠王态度有些出乎意料。

"先生和墨子进行的是一种很理想化的对战，双方只是策略的对抗。但实际的战场上，由于楚国对宋国占有绝对的优势，即使让墨子亲自守城也绝无胜算，所以他才会不远万里跑过来游说寡人。为了限制住您的云梯，他需要动用大量的人力物力。作为一种攻城器械，云梯能够在瞬息万变的战场之上牢牢牵制住敌军，这已经非常成功了。而两位精彩的论战，让楚军将士大开眼界。寡人已命人将今天的过程全部记录在案，并让全军借鉴和学习。"楚惠王诚恳地说道。

鲁班听完对方的话，眼神中充满了感激。

成功阻止了楚国入侵宋国之后，墨子没有过多停留便赶了回去。途中他路过宋国，适逢天降大雨，便准备在城中留宿。可守门的士兵见他衣着破旧不像是个有身份的人，便故意刁难死活不肯让他进城。刚刚挽救了宋国的墨子无奈地摇了摇头，只好在城外找了一个能遮风避雨的地方过了一夜。

二十二、天下大势

虽然楚惠王放弃了伐宋，但鲁班所创造的钩强和云梯极大地提升了楚国的军事实力，和越国在南方的对抗中，无论是在水路还是在陆路都占据了一定的优势。正是由于越国的威胁越来越小，他们才可以抽出身来不断扩张。公元前447年灭掉蔡国，公元前445年灭掉杞国，公元前432年灭掉莒国，正是由于这一系列的灭国战，楚国再度成为南方的霸主。

说起越国在和楚国的争锋中渐渐处于下风的原因，除了楚国军事实力的提升之外，还有一个重要原因是越国一直处于两线作战的状态。由于其占据了当时的东部沿海地区，版图纵贯南北，都城又在北方的琅琊，所以越王朱勾把进攻重点放在了离自己最近的齐国。公元前441年，越国联合晋国对齐国前后夹击并取得大胜。公元前430年，晋、越、宋三国从三个方向进攻齐国并再次取得了胜利，所以说在整个战国初期，越国虽然在南方失手了，但在北方却赚得盆满钵满。

而反观春秋时期的头号强国晋国，虽然公室已经名存实亡，但瓜分其权力的韩、赵、魏三家在战国初期依然非常强大。就在楚国和越国不断摩擦的时期，魏氏的宗主魏文侯便率先进行了变法和改革，将周代以宗法制为核心的各项制度逐个废除，也正是因为这样大胆而又符合时代发展的举措，让魏氏成为了三家的领袖，同样也是晋国的实际掌权者。

公元前419年到公元前408年期间，魏氏对秦国发动了连续不断的进攻，占领了河西之地，脱胎换骨的魏氏已经强大到可以独立地征伐偏霸西方的秦国，并且取得了压倒性的胜利。对于东边的齐国，三家联合越国不断征伐。与此同时，他们还时不时地和南方的楚国打上一仗。由此可见，不管是曾经的晋国，还是如今的韩、赵、魏三家，依旧是令天下诸侯都为之胆寒的对手。

通过上面的叙述可以看出，春秋时期是晋、楚争霸的两极格局，到了战国的初期变成了晋、楚、越三国鼎立，而曾经实力稍逊一筹的秦、齐两国如今的地位依旧没有变化。就在诸侯们互相不断征伐的时候，田氏家族第九代宗主田盘离开了人世，他的儿子田白成为新一任的田氏宗主。田白执掌国政之后一直想要改变齐国被动挨打的局面，公元前413年，他抓住了魏氏忙于对秦作战的机会，主动进攻晋国，摧毁了黄城（今山东省聊城市冠县），围困阳狐（今河北省邯郸市大名县），一扫颓势。接下来，就在田白准备继续扩张的时候，传来一个令人振奋的消息，公元前411年，越王朱勾去世了。

二十三、放弃攻越

公元前448年，越王朱勾即位，在他执政的期间一直致力于与楚国对抗并且威慑中原诸侯，是一位雄才大略的君主，正是在他的带领下，越国没有步吴国昙花一现的后尘，而是成为战国初期可以与晋、楚匹敌的强国。正是由于朱勾联合韩、赵、魏对齐国进行前后夹击，让田氏的第九任宗主田盘在执政齐国的这段时间内毫无作为。因此，当朱勾去世的消息传来的时候，田白觉得长久以来悬在齐国头上的剑不复存在了，于是立刻着手准备进攻越国。

"父亲，听说您已经厉兵秣马，准备进攻越国了？"田白的儿子田和问道。

"芒刺在背的感觉可真是不好受，如今也该让越国尝尝挨打的滋味了。"田白咬牙切齿地说。

"祖父临终之前一直告诫我们不要轻易对越国用兵，还请父亲三思啊！"田和劝阻道。

"'无攻越。越，猛虎也'的话我一直牢记在心，可如今猛虎已经死了，有什么可怕的。"田白不以为然地说道。

"朱勾虽然死了,但其生前所定的制度还在,军队的实力与以前也并无二致,况且现在国丧期间,我们贸然出兵不合乎义,越军势必会众志成城,此战未必胜券在握。"田和恳切地说。

田白听儿子这么说,激动的情绪逐渐平复下来,思虑一番后果断改变了自己的想法,说道:"此言有理,如今田氏虽然是齐国实际的掌控者,但暗中也不乏反对的势力,如果攻越失败,恐怕还会影响我们家族的地位。"

"父亲所言甚是,此时我们应该沿袭祖父的策略,不能贸然出兵,而是以不变应万变。朱勾刚死,新任越王的对外政策还不清楚,即使我们按兵不动,晋、楚两国也一定会趁虚而入,不如等局势明朗之后才做定夺。"田和看父亲已经被自己说动,便放下了心来。

事实证明,田和的判断非常正确,越王朱勾虽然死了,但他的继任者越王翳同样也是一位枭雄,倘若此时贸然出兵伐越不仅不能成功,还很有可能让田氏家族陷入到不利的境地。

朱勾死后没多久,田白也离开了人世。接下来,他的儿子田悼子接任田氏宗主。但很快,田悼子也去世了,他的弟弟田和成为田氏家族的第十二任,也是最后一任宗主。

二十四、新起点之前的尾声

田恒弑杀齐简公，给田氏家族的发展开启了一个新的篇章，自此，田氏家族彻底控制了齐国的政权，此时的田氏已经可以代表齐国登台演出了。因此，我描写的视角也从齐国内部各大家族的争斗，转向了天下诸侯，分别讲述了楚国、晋国以及越国的发展以及它们之间的博弈。但就在这个关键的时期，一直以来给我源源不断地提供写作素材的《左传》完结了，《国语》《史记》和《战国策》在接下来有关齐国的记叙都是寥寥几笔。很多关于田氏家族的作品到此也进入了尾声。其实不仅仅是齐国，史书中关于整个春秋末期和战国初期的记录都是惜墨如金，这给我接下来的写作带来了很大的困难，但翻阅其他先秦典籍，依然还有很多资料可以使用。在这其中，《墨子》《吕氏春秋》以及之前作品中反复提到过的《竹书纪年》和《清华简》给了我很大的帮助，虽然它们不会像《左传》《史记》那样给我们提供一个完整的时间、地点、人物、环境和情节。但如果没有这些资料，我也很难将各种线索完整地串联在一起，在一定程度上给大家展现出当时天下诸侯之间的格局。

接下来，我们就要迎接田氏家族的最后一任宗主田和了，齐国在他的执掌下会怎么发展呢？他到底又是如何实现最终的目标呢？请大家关注第四章——田氏代齐。

第四章

田氏代齐

一、田会反叛

公元前405年,齐国发生了两件大事,第一件是当了五十一年傀儡的齐宣公去世了,他的儿子齐康公继任齐国国君。第二件是田氏家族发生了内讧,田会反叛,带着廪丘(今山东菏泽市郓城县西北)投奔晋国的赵氏去了。当时赵氏的宗主是赵烈侯(赵襄子的孙子),在得知田会前来的消息后立刻去找魏文侯和韩景侯(韩康子的孙子)商量对策。

"想必两位都听说了,田会带着廪丘归顺赵氏,我一直犹豫到底要不要接纳他,所以专门来找你们商量一下。"赵烈侯问。

"不费吹灰之力就得到了一大片土地,这可是天降之福,又有什么好犹豫的?"韩景侯一边笑一边颇有些羡慕地说。

"现在的廪丘对我来说就是一块烫手的山芋,如果接管了,就意味着要与齐国的田氏打上一仗了。"赵烈侯说道。

"这有什么好怕的？反正田氏与我们征伐不断，就算把田会送回去，田和也未必领情。就算他领情了，以后还是免不了攻打我们。既然如此，又何必瞻前顾后？"韩景侯不以为然地说。

"如今田氏的实力不可小觑，仅凭赵氏的力量恐怕未必有胜算。"赵烈侯依旧有些担忧。

韩景侯听完此话已经完全明白了赵烈侯的用意，一边笑一边说："韩、赵、魏一直以来都是同气连枝，真要打起来我们两家怎么会袖手旁观？"

听韩景侯这么说，一直沉默不语的魏文侯也发话了："一旦接纳了田会，想必田和的大军会立刻包围廪丘。依我之见，此次救援廪丘由赵氏派遣主将，韩、魏两家鼎力相助，必能大获全胜。"

有了韩、魏两位宗主的支持，赵烈侯一直悬着的心终于放下了，他兴奋地说道："若能战胜田和，廪丘之地我们三家平分。"

还没等韩景侯表态，魏文侯立刻摆了摆手，然后一字一句地说道："分土之事不必急于一时。此次田氏内乱，我们如果能善加利用，能得到的东西绝不止一个小小的廪丘。"

韩景侯和赵烈侯对视了一下，虽然都没太理解魏文侯的用意，但依然坚定地点了点头。

二、龙泽之战

得知田会反叛的消息后，田和立刻命令族人田布率领重兵包围了廪丘。与此同时，赵氏的孔青担任主将统领韩、赵、魏联军奔赴前线进行救援。事情发展到这个地步，双方谁也没打算退让，于是两军便在龙泽展开了激战。虽然这一次田氏几乎是倾巢出动，但毕竟晋国的三家实力更强。最终，三家联军大获全胜，一共斩杀齐军将士三万人，并且缴获了两千辆战车。

纵观整个春秋时期，实力最强的晋国军队编制最多时拥有六军，根据《周礼·夏官·司马》"凡制军，万有二千五百人为军"的记载来估算，大约是七万多人。关于战车方面，纵观春秋时期的几场著名战役，城濮之战晋军出动战车七百乘，鞌之战晋军出动战车八百乘，崤之战秦军出动战车三百乘。虽然到战国初期各国的军力有了大幅度的提升，但经过对比我们可以看出，龙泽之战齐军的损失是极其惨重的。

战斗结束以后，主帅孔青命令把敌人的尸体堆积成山并且筑成"京观"。谋臣宁越强烈反对这样做，于是对孔青说道：

"三万具尸体筑成京观的确可以震慑敌军，但如此利用实在是太可惜了！"

"哦？先生的意思是？"孔青听完反问道。

"不如退兵三十里，让齐军前来收尸，这样反而会起到更好的作用。"宁越看着说道。

"先生为什么这么说？"孔青继续问道。

"耗尽敌方的国力本身也是一种战争手段，而且效果可能更加显著。齐军在这场战役中已经损失了众多的战车和无数的武器装备，如果再动用国库中大量的银两安葬阵亡将士，这对于整个齐国来说无疑是雪上加霜。"宁越解释道。

孔青点了点头，若有所思地问道："如果对方不来收尸，又该如何是好呢？"

"率军出征惨遭失败，这是第一条罪状。士兵活着出征却没能活着回家，这是第二条罪状。如今对方给机会收尸，他们却不来，这是第三条罪状。田氏一族之所以拥有如今的地位靠的是民心所向，如此一来，无论是百姓还是百官都会对他们产生怨恨，一旦产生了怨恨，堡垒就会从内部被攻破了。"宁越继续解释道。

孔青听罢思考了一下，继续说道："您说的没错，但我还是有一事想请教先生。"

"将军请讲。"宁越说道。

"如果这两座京观起到了瓦解敌人斗志,消磨对方锐气的作用。从而让我们在接下来的战斗摧枯拉朽、势如破竹呢?"孔青向宁越问道。

"什么?难道我军还会发动更大规模的进攻吗?"宁越显然没有料到这一点。

"当然,这场战争只是开始,主公还有更深一层的谋划。其实真正的好戏还在后面,只要能够震慑住对方,我作为主将的任务就算完成了。"孔青对着有些吃惊的宁越微微一笑,起身走出了军帐。

三、割地求和

虽然龙泽之战,韩、赵、魏三家旗开得胜,但他们并不打算就此罢手。鉴于越国趁着三家伐齐灭掉了齐国的附庸国缯国,三家在第二年,也就是公元前404年,向越国提出了联合出兵的请求,与此同时又让晋烈公在任地(今山东省济宁市东南)举行会盟,和郑、鲁、卫等诸侯商议再次伐齐。一切准备妥当之后,韩、赵、魏以及越国同时对齐国展开了攻击。

得到消息的田和大吃一惊,因为他没有料到三家竟然如此决绝。刚刚元气大伤的齐军对战强强联合的晋、越联军，无论怎么看都毫无胜算。经过深思熟虑，田和为了避免两线作战，决定割让建阳（今山东省枣庄市薛城区）和巨陵（今山东省日照市莒县）两地与越国讲和。越王翳听到田和开出的条件后毫不犹豫地答应了。越、齐两国在鲁国的稷门（南城门）签署了和平条约。由于不费吹灰之力就得到了齐国的建阳和巨陵，得意忘形的越王翳突然兴致勃勃地对东道主鲁穆公说道：

"一直以来都没有机会游览贵国的都城，不知道鲁公可否为寡人驾车一游？"

此言一出，鲁国众臣一片哗然，但慑于越王的威严，竟然没有一个人敢站出来反对，鲁穆公看了看身边的大臣，又看了看越王翳，最后只能无可奈何地点了点头。

"不知道齐公可否作为参乘与寡人一起游览呢？"越王翳又把目光转向了齐康公。

看到鲁穆公都毫无怨言地亲自驾车，作为求和一方的齐康公自然是不敢多言，慌忙点头答应了。

接下来，三人同乘马车在曲阜城中纵横驰骋，不明所以的百姓纷纷驻足观望，但明白其中缘由的人们却黯然神伤。在尽情羞辱了齐、鲁两国国君之后，越王翳带着战利品高高兴兴地回国了。而此时作为齐国实际掌权者的田和，虽然躲在幕后，但他的内心一定是万分痛苦的。一方面是因为他对齐康公遭到的屈辱感同身受，另一方面，稳住越国只是缓兵之计，真正的危机并没有解除，接下来他还要面对韩、赵、魏三家的再次进攻，而且这一次，魏文侯亲自督战。面对如此困局，田和又该如何应对呢？

四、再度败北

公元前404年，韩、赵、魏三家包围了齐国的平阴（今山东省平阴县东北），田和派项子牛出兵迎战。或许是由于去年三万将士尸体筑成的京观太有震慑力，也可能是因为对手的兵力太过强大，两军刚一交战，毫无斗志的齐军便再度败北。面对如此困境，主将项子牛十分忧虑。

"韩、赵、魏三家如此执着地与我们交战，实在是令人匪夷所思。"项子牛痛苦地说。

"看他们的架势颇有和齐国决一死战的意味。"谋臣括子随声附和。

"齐、晋两国并不接壤，即使占领了平阴也未必能够守得住。"项子牛接着说道。

"如果没有战略意义，那么三家打这场仗必然是为了博取名声。"括子说出了自己的看法。

"哦？"项子牛疑惑地看了看括子。

"三家为了进攻齐国还特意召集诸侯并且昭告天下，

和当年群雄争霸如出一辙。如果此时能让君上亲自向对方表达俯首称臣的态度，相信三家就能立刻退兵。"括子解释道。

项子牛点了点头，喃喃地说道："这场仗是无论如何都打不赢的，求和还是上策。"

但一旁的无害子听了两人的对话立刻反驳道："括子的话简直是骇人听闻。"

"是吗？先生有什么高论？"项子牛问道。

"如果想战，就杀身成仁以存国家。如果想和，就割让土地以安社稷。如今让国君亲自去向敌方求和，这真是闻所未闻。"无害子看了看括子，缓缓地说。

听完无害子的话，项子牛没有说什么，思考良久还是果断地摇了摇头说："就按括子的提议去办吧。"

项子牛的意见最终得到了田和的肯定。接下来，刚刚在越王翳那里受尽屈辱的齐康公又被迫前往三家的军营。魏文侯听明来意后大喜过望，毫不犹豫地答应了齐国握手言和的请求。但他知道齐康公只不过是一个傀儡，和谈的具体事宜还是要跟田和去商议。因此，在虚荣心得到极大的满足后，以魏文侯为首的三家代表与田和在齐国的雍门（西城门）外举行会盟，经过一番唇枪舌战，双方握手言和并且达成了以下两项共识：第一，齐国马上从廪丘撤军；第二，立刻停止修建抵御晋国的长城。停战协定签订完毕，韩、赵、魏三家又带着齐康公去朝见天子周威烈王，并且进献了齐国的战俘。自此，这场持续两年的晋、齐之间的战争终于结束了。

不知道大家在看完我的记叙后会不会有这样的疑问：一直以来非常团结的田氏家族为什么会发生内乱呢？韩、赵、魏三家为什么非要通过攻打齐国来赢得名声呢？接下来，我们就回到整个事件的起点，去看看它到底是怎么发生的。

五、叛乱的真相（上）

关于田会谋反这件事情的始末，我们先来看看《史记》是怎么记载的。

宣公五十一年卒，田会自廪丘反。（《史记·田敬仲完世家》）

宣公五十一年卒，子康公贷立。田会反廪丘。（《史记·齐太公世家》）

齐宣公五十一年，田会以廪丘反。（《史记·六国年表》）

上述三段史料如此惜墨如金，导致我们对于整个事件的过程毫无头绪，为了更具体地了解这件事，再来看看《竹书纪年》中是怎么记载的：

（晋烈公）十一年，田悼子卒，田布杀其大夫公孙孙，公孙会以廪丘叛于赵，田布围廪丘，翟角、赵孔屑、韩师救廪丘。

这里的"公孙会"和《史记》中的"田会"是同一个人，有了这段文字，整个事件逐渐开始有了眉目。田和、田布与公孙孙、田会之间很可能积怨已久，在齐宣公五十一年，晋烈公十一年，即公元前405年，双方的矛盾彻底激化，在田和的指使下田布杀掉了公孙孙，田会自知毫无胜算便带着自己的封地廪丘投奔赵氏去了。关于这个事件的性质，学者们有不同的看法，杨宽在《战国史》中写道："公元前405年，因为田悼子去世，田氏发生内乱，公孙会在廪丘叛变，叛归赵国，引起了齐和三晋大战。"由此可见，他认为这是田氏内部的事情。王森阁、唐致卿主编的《齐国史》中也持有同样的观点。但晁福林却认为公孙会和公孙孙两人应该是齐国公族，这是田氏家族和齐国公族之间的斗争，他在《春秋战国的社会变迁》中写道："可以说《史记》所载的'田会'乃是公孙会之讹。……廪丘在齐国西境边地,如果推测公孙会为其守将是姜齐势力的另一个据点,当不是臆说。……说公孙会之乱是姜齐势力和田氏的斗争,比说它是田氏内乱,似乎更恰当一些。"

虽然两种观点都有各自的道理,但我更认同第一种将其定性为田氏内乱的说法。首先,"公孙"这个词不能完全确定其齐国公族的身份,因为它也可能是姓氏。其次,田恒弑杀齐简公之后就将齐国东部划为自己的封邑,这是公元前480年的事情,即使当时齐国公室还能在齐国的西部拥有一席之地,但七十多年过去了,他们的土地恐怕早就被田氏蚕食殆尽了,上文所述齐康公任人摆布的惨状也能说明齐国公室如今已经毫无权力。

通过上述分析,田氏内讧的事件已经大致可以复原了,可就在我准备梳理并定论的时候,另外一段文字又让我疑惑了起来。《战国策·魏策四》中记载:

缯恃齐以悍越,齐和子乱,而越人亡缯。

越王翳灭缯国的事情前文曾提到过,但这段文字里耐人寻味的是"齐和子乱"这句话,"和子"指的是田和。我们一直以来说的都是田会的叛乱,《战国策》里面为什么说是田和之乱呢?这到底又是怎么一回事呢?

六、叛乱的真相（下）

根据前文的记叙，但凡称之为某某之乱的事件大多都跟君臣或者是卿大夫之间争夺权力有关，这其中一般都会发生君主或者是重臣的死亡，从而导致国内的局势陷入一片混乱。可根据现有的材料来看，也只有田和指使田布杀掉公孙孙从而导致田会叛逃这一件事情。田和作为田氏的宗主，除掉自己家族的异己属于卿大夫内部的事务。这种情况在春秋战国时期比比皆是，很难称得上"乱"，那么究竟是怎么回事呢？难道是《战国策》的记叙夸张了？带着这样的疑问我们来看看《清华简〈系年〉》中的记载。

《清华简〈系年〉》第二十二章中对公元前404年韩、赵、魏第二次伐齐有着详细的记载，这些我在前文中已经有所描述。但在其中还有一条关键的信息，晋伐齐的这场战争跟"项子牛之祸"有关。在这场战争中项子牛是田和任命的主将，期间除了抵御外敌和商议和谈的事情以外并没有其他的举动。由此可见，《战国策》中所说的"齐和子乱"确有此事，而且和"项子牛之祸"是一个事件。

这具体是怎么回事呢？虽然史料中没有给出明确的

答案，但我们不妨大胆地去推测一下，田悼子有很大的可能性是被田和杀掉的，而具体的执行者就是项子牛。首先，越王朱勾去世以后，田白本来想趁机伐越，但被田和制止了，说明田和是一个颇具才能的人，他可能不甘心久居在自己的哥哥田悼子之下。其次，田悼子死亡、公孙孙被杀、田会叛逃都是在同一年发生的。最后，也是我觉得最能说明问题的一点，《史记》中居然完全没有田悼子这个人。司马迁在撰写《史记》的过程中，很多史料都是从诸侯国的史书中选取的，其中有不少都是被再次加工过的产品。比如我之前作品中所详细描述的被篡改过的赵氏孤儿的故事，以及被抹去的跟秦始皇相关的诸多事件。因此，田悼子的消失以及《史记》中对田和简略的描述一定是史书的撰写者试图在掩盖真相，也正因为如此，反而让我更加相信了自己的看法。

但推断毕竟是推断，以目前的文献资料还是无法盖棺定论。在结束本篇之前，我还是想提出一个到目前还存在的疑惑，即便田悼子是被田和所杀，这也只是齐国卿大夫家族内部的事务，韩、赵、魏三家本不应该插手此事，却为什么非要接二连三地讨伐他们呢？而且赢了之后为什么还要去周天子那里炫耀一番呢？带着这个疑问，我又仔细地把整个事情梳理了一遍，突然发现齐宣公也是死在这一年，于是我便有了一个更为大胆的猜想，齐宣公的死会不会跟田和、项子牛等人也有关呢？但这也只是猜想，真实的情况到底是什么，还要期待以后更多出土材料的佐证。

七、田氏代齐

连续两次的惨败让齐国受到了重创，田氏一族想在短期内提升国力并且参与到争霸当中的希望破灭了。反观韩、赵、魏三家，联合攻齐的行动达到了预期的效果，同时也赚取了足够的政治资本。第二年，也就是公元前403年，周威烈王正式册封韩景侯、赵烈侯和魏文侯为诸侯。自此，韩、赵、魏三家从晋国独立出来，成为名副其实的诸侯国。

尽管魏国的崛起已经势不可当，但它没有故步自封。魏文侯和魏武侯两任国君励精图治，陆续起用如吴起、西门豹等一大批名臣，同时又不断改革，让魏国的实力迅速增强。与秦国在河西地区不断争斗的过程中，魏军也一直呈现出压倒性的优势。与此同时，赵烈侯也效仿魏文侯进行改革，不久赵国也加入到强国的行列。与三家不断提升的状况截然不同的是，越国内部的各方势力开始互相争斗，实力不断下滑。

与此同时，南方的楚国也抵挡不住三家的进攻。公元前400年，韩、赵、魏三家伐楚。公元前391年，韩、赵、魏三家联军大败楚军。但幸运的是，吴起由于在魏国受到排挤而出逃到楚国，得到消息的楚悼王大喜过望，并且立即命其进行改革。最终，吴起也不辱使命，楚国的国力也迅速得到提升。

正是因为天下诸侯忙于征伐、改革和内斗，给了齐国恢复元气的机会。公元前394年，齐国进攻鲁并大获全胜。公元前390年，齐国进攻魏，占领了襄陵（今河南省睢县西）。自此，齐国终于走出了被周边强国压制的困境，开始在战国时代这个大舞台之上展露锋芒。

虽然齐国的处境有所好转，但身为国君的齐康公却被田和赶出了都城临淄，被迫迁往海滨，连当傀儡的资格都失去了。公元前387年，田和与魏武侯举行会盟，期间田和表达了想请魏武侯帮助自己得到周天子册封的意愿，而魏武侯也爽快地答应了。第二年，也就是公元前386年，周安王册封田和为齐侯，自此，田氏正式代齐。公元前379年，齐康公离开了人世，姜姓齐国的祭祀也就彻底断绝了。

八、田氏家族

随着田氏正式代齐，我们的故事也临近了尾声。纵观整个春秋时期,客居他国的流亡贵族比比皆是,但能在客居国成为显赫家族的已是凤毛麟角,而最终取而代之的也只有田氏一家。起初,逃离故国的陈完在齐国毫无根基,此时的他恐怕根本不会奢望那段预言会成为现实,因为燃眉之急是如何在新的环境中生存下来。在这种一着不慎就会满盘皆输的处境中,田氏家族的历任宗主们面对任何问题都只能小心翼翼,没有万全的把握绝不出击。经历过几代的苦心经营之后,田氏家族异国人的身份逐渐被忽略,慢慢融入齐国的他们开始与其他家族一起成为了权力斗争的参与者。

反观齐国的国、高、崔、庆、栾、鲍等家族的宗主们,他们经常做出一些冲动而又愚蠢的决定,结果导致自己的家族彻底退出了历史的舞台。再看齐国的公室,从桓公去世后就陷入到不断争斗的漩涡当中,国君们的执政能力十分堪忧,即使是得到"中兴之主"评价的齐景公也被人贴上贪图享乐、生活奢靡的标签。正是由于姜姓贵族的全面没落,不断崛起的田氏家族顺势转守为攻,将取代君主的目标提到了日程上来。

接下来我们再回顾一下文中所出现的十二位田氏宗主,他们分别是陈完、田稚、田湣、田须无、田无宇、田开、田乞、田恒、田盘、田白、田悼子、田和。其中,我着墨最多的是田无宇、田乞、田恒和田和，正是这四个人演绎着田氏家族的起承转合。

首先，田无宇将家族推向了台前，然后田乞一直在暗中寻找机会将家族发展壮大，接下来田恒弑君从而让田氏执掌国政，最终田和实现了田氏代齐。当然，田氏家族能够取代齐国更深一层的原因还是由前文中提到的周代的分封制、井田制等一系列制度所造成的，由于宗法制度的不断瓦解，卿大夫们不再关心共同的血缘，而是将重心转移到了家族利益之上。

除了齐国，其他诸侯国也发生了世家大族威胁君权甚至是取代的现象，这其中最著名的便是"三家分晋"，相较于晋国被韩、赵、魏瓜分，田氏家族取代齐国的过程很难称得上轰轰烈烈，既没有影响命运的艰难抉择，也没有身处绝境的力挽狂澜，只需要跟随着历史的车轮，谨慎地规避掉显而易见的错误，一切都是那样的顺理成章。但正是像齐、晋这样的大国都被取代得如此轻而易举，让天下的诸侯们陷入到深深的恐惧当中，如此困局到底该如何化解呢？在经过无数的探索之后，诸侯们终于在这个问题上达成了共识，避免重蹈覆辙的唯一方式就是变法图强。

九、新起点之前的尾声

《猎齐》这本书终于完成了，由于它仅仅是描述一个家族的历史，所以篇幅并不长，我在写作的过程中也感到十分顺畅。田氏家族的事情并不为人所熟知，这可能与史料的缺失有一定的关系，还有我认为比较重要的一点是，发生在他们身上的故事都没什么特点，既不扣人心弦，也不跌宕起伏，即使是少有的几次田氏与其他家族之间的对抗，也没有精妙的谋划或者是剑拔弩张的气氛。

但剧情的平淡并不能抹杀田氏家族在历史上的重要性，经过了深思熟虑，我还是选择了这段历史。如果说《弹秦》《解晋》两本书最重要的作用是让大家了解战国时代以及春秋时代的背景，那么《猎齐》这本书就是想给大家补齐春秋战国相交之际的背景，而描述这一段历史的书籍并不多见。除了上述的这个目的之外，我写这本书还有一个目的就是想跟《解晋》做一个呼应，在《解晋》的篇尾，我提到了诸侯国所面临的两个重大危机，一个是瓜分型危机，另一个是替代型危机。"三家分晋"属于前者，而"田氏代齐"属于后者，所以本书在另外一个方面也算是补齐了我所提出的两种危机的类型。

写完《猎齐》之后，我下一本书原计划是要写与楚国相关的内容，这样便把秦、晋、齐、楚这四大强国给凑齐了，但在准备材料的过程中发现楚国的历史很长，如果全部讲下来就会和我的前两本书有过多重复，而其中也没有一个像田氏代齐这样相对独立和完整的情节，思前想后我决定暂时抛开楚国，重新选择一个内容。既然《解晋》和《猎齐》都涉及了大国覆灭的过程，而且也对其原因进行了一些探讨，那就不妨让下一本书接着上面的故事，具体展现一下问题到底是怎么解决的。另外，战国初期诸如吴起、商鞅等名震天下的改革家和陈完都有一个共同的特点：他们都是身处他乡的异国人。

他们在客居国的境遇会是如何呢？在他们的帮助下，诸侯国又会发生怎么样的变化呢？接下来，我就和大家再次进入变法运动进行得如火如荼的战国时代，去看看那时究竟发生了些什么。